JN284815

教師教育テキストシリーズ 10

教育の方法・技術

岩川 直樹　編

学文社

■執筆者■

三輪　定宣	千葉大学（名誉教授）	[序]
＊岩川　直樹	埼玉大学	[第1章]
中村麻由子	大東文化大学	[第2章]
藤本　和久	慶應義塾大学	[第3章]
杉本　卓	青山学院大学	[第4章]
浅井　幸子	東京大学	[第5章]
根津　朋実	筑波大学	[第6章]
佐久間亜紀	慶應義塾大学	[第7章]
船橋　一男	埼玉大学	[第8章]

（執筆順／＊印は第10巻編者）

まえがき

　学級崩壊の教室に苦しむ中学の教師がいた。飛び交う暴言を背中に感じながら，黒板から目を離して生徒のほうに振り向くことができない。ある日，その教室の生徒が提出した一枚のプリントの端に，「先生，助けて」という小さな文字を見つけた。胸を突かれる思いがした。苦しんでいるのはけっして自分だけではなかったのだ。その生徒に応えなければと手紙を書き出した。書きおわるともうひとりの生徒のことが思い浮かぶ。その生徒にも，また別の生徒にも……と書きつづけるうちに，結局，その教室の生徒みんなに一通ずつの手紙を書いていた。もちろん，それで教室の秩序が完全に回復したというわけではない。しかし，その教師の実践は変わっていった。生徒のほうに向き直り，一人ひとりの顔と向かい合いながら授業をする。それぞれの生徒と相対し，その生徒の葛藤や願望に応えるような実践を模索しつづけている。たとえば，そこに，私たちはひとりの教師の実践的探求の奥行きを見いだすことができる。

＊＊＊＊＊

　「もういいから，先生決めてよ」。学級会のさなかに発せられたひとりの子どもの声に立ちすくんだ小学校の教師がいた。投げやりに聞こえるそのことばを，その教師は自分の授業への問い返しとして受けとめた。そういえば，子どもたちに話し合いをさせながら，最後にはいつも自分がまとめていた。それなら，最初から先生が決めればいいと，その子どもは訴えているのだと。そこから，その教師の実践は変わっていった。学級会のみならず，教科の授業の仕方も変わる。国語の読解の授業ではこれまでいつも自分から発問してきた。しかし，あれからその教師は子どもたち自身がつくった問いをみんなで話し合う授業を試みつづけている。「〇〇さんの問題」というその日の授業の目当てが黒板に記され，〇〇さんからその問いが差し出されると，教室のみんながその問いに自分の読みから応えてゆく。子どもたちの語り合いにゆだねていると，前より

も一人ひとりの子どもの読みを味わうことができる。そこにそれぞれの子どもの暮らしがにじんでいるようにさえ感じる。子どもたちはこの読解の時間が大好きだ。授業の最後に感想を書く場面で、ひとりの子どもの、「感想じゃなくて、新しく浮かんだ疑問を書いてもいい」という声が聞こえる。その教師にはそれがなによりもうれしい。ここにも、また、私たちはひとりの教師の実践的探求の奥行きを見いだすことができる。

＊＊＊＊＊

「兵庫県と言えばなにがある」。小学校の社会科で自分たちの県について学ぶ単元のオープニング。教師の問いかけに、「神戸牛」、「姫路城」、「淡路島のタマネギ」、「コウノトリ」……と教室の発言がつづく。子ども同士で指名し合う楽しい雰囲気のなか授業はテンポよくすすみ、黒板いっぱいに兵庫県に関する項目が広がってゆく。授業後の話し合いでも、参観した教師たちは、楽しい雰囲気のなかでこれからの学びのイメージが広がるいい授業だったと語り合っていた。そのとき、ひとりの熟練教師が、「だけど、ああいう授業をしていると、活躍できるのはお育ちのいい子ばかりやね」とぽつりと言った。言われてみればたしかにそうだった。教師自身はごくふつうの、むしろ楽しいといえる授業をした。しかし、そのふつうの楽しい授業のさなかに、ある階層の子どもたちは生き生きと参加し、別の階層の子どもたちは口をつぐんでいたのだ。「兵庫県はコウノトリの繁殖をしています」という発言があったとき、「コウノトリってうめえの」と横やりを入れた子どもがいた。コウノトリが食用でないことぐらい、暮らしぶりのきびいしいその子どもも知っている。その発言を聞いたとき、担任はもとより参観した教師たちはふざけているとしか感じなかった。しかし、いま思えば、あのことばにはこの授業に対する抵抗がこもっていたのではないか。そこから教師たちはこの日の授業の在り方を一つひとつあらためて見つめ直してゆく。冒頭の発問を、「みんなは兵庫県にすんでいるよね。この教室に他県から転校してきた子どもがいたら、みんなはなにを教えてあげたい」と尋ねたなら、身近なところから語り出す余地も生まれたのではないか。子ども同士の指名でテンポよく発言をつづけるだけではなく、ときには、「姫

路城っていつからあるの」とか「淡路島のタマネギはなぜおいしいの」というように，教師が立ち止まって問いかけてみてもよかったのではないか。そうすれば，いろんなことを知っていると見えた子どももよくはわかっていないことを自覚できる。そして，授業の最後に，「きょうの授業で自分は兵庫県のことがまだまだわかっていないなと思ったひといる」と尋ねたらどうだったろう。きっと何人かの子どもはおずおずと手を挙げる。そうしたら，こう言ってやることもできたと教師たちは語り合うのだ。「そう，それがきょうの授業で一番大切な勉強なんだよ。自分はよく知らないんだと知ること。これからみんなで兵庫県のこといっぱい学ぼうね」。ここにも，私たちは，ひとつの学校の教師たちの実践的探求の奥行きを見いだすことができる。

＊＊＊＊＊

　現実の具体的状況の内側で，固有の子どもの存在や特定の社会の問題と向かい合いながら，それぞれの教室にどんな文化をいかに織りなしてゆくことがいい教育をすることになるのか。それを問い直しつづける教師たちの実践的探求。教育方法学は，そのもっとも間近に身を置く学問分野だといえる。それらの探求がもつ奥行きは鮮明に感じられる。しかし，その意味をどう語り直すことが教育の状況に学問的に貢献することになるのか。教育方法学の研究者は，一方で，教師たちの実践的探求と対峙しながら，他方で，その意味を多様な学問的コンテキストのなかに浮かびあがらせるべき役割を担っている。教師たちはきょうの授業の反省をただちに明日の授業に生かしてゆかねばならないが，教育方法の研究者たちはきょう出会った出来事の意味を鮮明にしうる視点を時間をかけて探ってゆくべき持ち場にある。教師たちはあらゆる視点を総合して教室の出来事の意味を見つめ直してゆくが，教育方法の研究者たちは限られた視点を特定の学問分野との連関で鍛え直してゆくべき持ち場にあるからだ。

　これにつづく本書の各章は，それぞれの学問的コンテキストから教育方法の実践的探求にアプローチしている。それぞれの章の入念な議論に立ち入るまえに，ここでは，多様な視点のそれぞれが教育実践のどのような側面に着目するものなのかを，冒頭の三つの事例に則して概観しておこう。

＊＊＊＊＊

　実践哲学を学問的コンテキストにする教育方法学の研究者なら，これらの教師たちの実践的探求に共通する，たんなる技術の工夫を越えた，倫理的な問い直しの次元に着目するかもしれない。そこには他者の呼びかけを迎え入れ，それに応えようとするなかで，自己の枠組を突破する倫理的探求があるからだ。

　からだの思想を学問的コンテキストにする教育方法学の研究者なら，子どものことばの底にうごめくものを受けとめることの意味や，それを起点とした教師の子どもに対するからだの向け直しに着目するかもしれない。ことばの表層的な意味を越えて子どもがからだで訴えているものを受けとめる姿勢。そういう教師たちのからだが，これらの実践的探求の基底をなしている。

　カリキュラム論を学問的コンテキストにする教育方法学の研究者なら，そうした問い直しによって生起する授業構成やカリキュラム編成の原理や主体のシフトに着目するかもしれない。これらの実践的探求のなかで，教師たちは子どもに対する応答性を軸とした授業構成や子どもとの共同性を軸としたカリキュラム編成に向かっているからだ。

　メディア論を学問的コンテキストにする教育方法学の研究者なら，これらの問い直しが授業における子どもたちの学びの媒体をいかに変容させてゆくかに着目するかもしれない。教師の発問から子どもたちの問いにゆだねることによって，授業の構造はリニアーなものから網の目状のものに転換するし，兵庫県の学びが多様な子どもの参加をもたらすためには多様なメディア（直接体験，聞き取り，図書やネットによる調査）を編み合わせることが不可欠になるからだ。

　教育における評価論を学問的コンテキストにする教育方法学の研究者なら，評価と指導の一体化をめがける形成的評価の意味の奥行きに着目するかもしれない。それぞれの授業の具体的な子どもの姿をどう評価するか。教師自身のその評価の枠組みそのものが問い直されることが，それにつづく指導の大きな方向転換を生み出している。

　文化研究や政治学を学問的コンテキストにする教育方法学研究者なら，これらの教師たちの実践的探求のなかに文化的再生産を越える実践的探求を見いだ

すかもしれない。学校において承認される文化は，その社会の支配的な階層やジェンダーや民族の文化様式を標準にしている。学校はそれがもつ一定の文化の様式によって，そこに参入しやすい階層やジェンダーや民族性の子どもとそれ以外の子どものあいだに序列を生み出し，それによって社会のなかの序列を再生産することになる。それが教育社会学が示す文化的再生産論だ。しかし，たとえば，兵庫県の授業をめぐる教師たちの話し合いは，まさにその学校という場の内側において，文化的再生産の働きを意識化すると同時に，それを編み直してゆく実践的探求を行っている。そうした教師たちの格闘のなかに，教育に対する「批判の言語」と「希望の言語」を同時に生み出す実践的探究の奥行きを見いだすところに，教育方法学のスタンスがある。

　専門職概念の転換をその学問的コンテキストにする教育方法学の研究者なら，これらの実践的探求のなかにある教師のリフレクションの奥行きに着目するかもしれない。具体的な実践の状況のなかで自分のものの見方をその根底から問い直すこと。新たな専門職観の中核をなすそのリフレクションが，なにを起点にしてうまれ，どのような関係や場のなかで深められ，それによって教育実践の諸契機がいかに編み直されてゆくものなのか。それをこれらの教師たちの実践的探求のなかに見いだしてゆくことができる。

＊＊＊＊＊

　教師たちの実践的探求と諸分野の学問的探求。それら二つの探求への敬愛を深めるなかで，自分たちの探求を生みだそうとするところに，教育方法学のエートスがある。両者が交錯する地点からは，つねに多様な教育方法学のアプローチが生まれつづけている。本書は，そのなかのごく限られたいくつかの視点を紹介するものにすぎない。しかし，各章の力のこもった論考はそれぞれの視点から読み手に教育方法を探求することの意味の奥行きを開示している。

第10巻編者　岩川　直樹

目　次

まえがき

序　教師と教育学 ──────────────────── 9

第1章　教育方法を探求するということ ──────── 17

  1　教育方法の探求者として歩み出すために　17

  2　教育実践の生きた現実のなかに息づく教育方法　22

  3　教育方法の基本的諸特徴　27

  4　教育方法観を問い直す　34

第2章　からだから見た教育方法 ─────────── 43

  1　教師が子どものからだを見るということ　43

  2　子どものからだとことば　48

  3　子どものからだと授業　54

  4　教師のからだを基盤とした反省的実践家　57

第3章　カリキュラム論から見た教育方法 ─────── 63

  1　カリキュラムの固定的イメージの払拭　63

  2　カリキュラムの編成原理をめぐって　65

  3　学校現場において創り出されるカリキュラム　69

  4　子ども観の転換と教育方法としての意識化　73

第4章　メディアと教育方法 ──────────── 78

  1　メディアと教育方法の関わり　78

  2　コンピュータの情報の特徴　82

  3　学習理論とコンピュータの教育利用　87

  4　おわりに　91

第5章　ジェンダーと教育方法 ――――――――――――――94

  1　はじめに　94

  2　授業におけるジェンダーの問題　95

  3　男女平等・ジェンダー平等教育の取り組み　100

  4　ジェンダー・センシティヴな教育に向けて　105

第6章　教育評価の基礎 ―――――――――――――――― 112

  1　はじめに　112

  2　検査，測定　113

  3　通知表，入試　117

  4　調査，コンテスト　124

  5　おわりに　128

第7章　教師教育の方法
   ――省察的思考による教師の力量形成とは ―――――― 130

  1　はじめに――教師教育の方法に関する研究　130

  2　脚光をあびた「省察」　131

  3　省察とは何か――デューイの定義　134

  4　省察の方法　139

  5　省察が起きる場をつくる　146

  6　おわりに――省察でない思考とは　148

第8章 教育方法をとらえ直す
　　　──学校教授法の歴史性と政治性から ────── 150

　1　教育方法の善し悪しの基準　150
　2　近代学校の教授法の発生および発展　151
　3　国民教育の現実と教育方法の画一化　154
　4　産業主義と教育方法の精緻化　156
　5　教育方法の政治性についての批判的認識　158

索　引　161

序　教師と教育学

1　本シリーズの特徴

　この「教師教育テキストシリーズ」は，教師に必要とされる教職教養・教育学の基本知識を確実に理解することを主眼に，大学の教職課程のテキストとして刊行される。

　編集の基調は，教師教育学（研究）を基礎に，各分野の教育学（教育諸科学）の蓄積・成果を教師教育（養成・採用・研修等）のテキストに生かそうとしたことである。その方針のもとに，各巻の編集責任者が，教育学各分野と教師・教職との関係を論じた論稿を執筆し，また，読者の立場から，全巻を通じて次のような観点を考慮した。

① 教育学テキストとして必要な基本的・体系的知識が修得できる。
② 教育諸科学の研究成果が踏まえられ，その研究関心に応える。
③ 教職の責任・困難・複雑さに応え，専門職性の確立に寄与する。
④ 教職，教育実践にとっての教育学の重要性，有用性が理解できる。
⑤ 事例，トピック，問題など，具体的な実践や事実が述べられる。
⑥ 教育における人間像，人間性・人格の考察を深める。
⑦ 子どもの理解・権利保障，子どもとの関係づくりに役立つ。
⑧ 教職員どうしや保護者・住民などとの連帯・協働・協同が促される。
⑨ 教育実践・研究・改革への意欲，能力が高まる。
⑩ 教育を広い視野（教育と教育条件・制度・政策，地域，社会，国家，世界，人類的課題，歴史，社会や生涯にわたる学習，などとの関係）から考える。

　教育学研究の成果を，教師の実践的指導やその力量形成，教職活動全体にど

う生かすかは，教育学界と教育現場の重要な共同の課題であり，本シリーズは，その試みである。企画の性格上，教育諸学会に属する日本教師教育学会会員が多数，執筆しており，将来，医学界で医学教育マニュアル作成や教材開発も手がける日本医学教育学会に類する活動が同学会・会員に期待されよう。

2　教職の専門職制の確立と教育学

　近代以降，学校制度の発達にともない，教師の職業が公的に成立し，専門的資格・免許が必要とされ，公教育の拡大とともに養成期間の長期化・高学歴化がすすみ，近年，「学問の自由」と一体的に教職の「専門職」制の確立が国際的趨勢となっている（1966年，ILO・ユネスコ「教師の地位に関する勧告」6，61項）。その基調のもとに教師の専門性，専門的力量の向上がめざされている。

　すなわち，「教育を受ける権利」（教育への権利）（日本国憲法第26条，国際人権A規約第13条（1966年））の実現，「個人の尊厳」に基づく「人格の完成」（教育基本法前文・第1条，前掲規約第13条），「人格の全面的発達」（前掲勧告3項），「子どもの人格，才能並びに精神的及び身体的な能力をその可能な最大限度まで発達させる」（1989年，子どもの権利条第29条）など，国民全体の奉仕者である教師の重要かつ困難な使命，職責が，教職の専門職制，専門的力量の向上，その学問的基礎の確立を必要としているといえよう。とりわけ，「真理を希求する人間の育成を期する」教育において，真理の探究をめざす「学問の自由」の尊重が根幹とされている（教育基本法前文，第2条）。

　今日，21世紀の「知識基盤社会」の展望のもとで，平和・人権・環境・持続的開発などの人類的課題の解決を担う民主的市民の形成のため，生涯学習の一環として，高等教育の機会均等が重視され（1998年，ユネスコ「21世紀に向けた高等教育世界宣言」），各国で「教育最優先」が強調されている。その趨勢のもとで各国の教育改革では教職・学校・自治体の自治と責任が増大し，教師は，教育改革の鍵となる人（key actor）として，学校外でも地域社会の教育活動の調整者（co-ordinator），地域社会の変革の代行者（agent）などの役割が期待されている（1996年，ユネスコ「教師の地位と役割に関する勧告」宣言，前文）。そのよ

うな現代の教職に「ふさわしい学問的・専門的能力を備えた教師を養成し，最も適格の青年を教職に惹きつけるため，教師の教育者のための知的挑戦プログラムの開発・提供」が勧告されている（同1・3・5項）。その課題として，教員養成カリキュラム・授業の改革，年限延長，大学院進学・修学の促進などを基本とする教師の学問的能力の向上方策が重要になろう。

　教職の基礎となる学問の分野は，通常，一般教養，教科の専門教養，教育に関する教職教養に大別され，それらに対応し，大学の教員養成課程では，一般教養科目，専門教育科目，教職科目に区分される。そのうち，教職の専門職制の確立には教職教養，教育学が基礎となるが，各領域について広い学問的知識，学問愛好の精神，真理探究の研究能力，批判的・創造的・共同的思考などの学問的能力が必要とされる。

　教育学とは，教育に関する学問，教育諸科学の総称であり，教育の実践や事実の研究，教育的価値・条理・法則の探究などを課題とし，その成果や方法は，教育の実践や事実の考察の土台，手段として有効に生かすことができる。今日，それは総合的な「教育学」のほか，個別の教育学（〇〇教育学）に専門分化し多彩に発展し，教職教養の学問的ベースは豊富に蓄積されている。教育研究者は，通常，そのいずれかに立脚して研究活動を行い，その成果の発表，討論，共同・学際的研究，情報交換，交流などの促進のため学会・研究会等が組織されている。現場教師もそこに参加しており，今後，いっそうすすむであろう。教職科目では，教育学の成果を基礎に，教職に焦点化し，教師の資質能力の向上や教職活動との関係が主に論じられる。

　以下，教職教養の基盤である教育学の分野とそれに対応する学会例（全国規模）を挙げ，本シリーズ各巻名を付記する。教職教養のあり方や教育学の分野区分は，「教師と教育学」の重要テーマであるが，ここでは概観にとどめる。

　A．一般的分野
　① 教職の意義・役割＝日本教師教育学会【第2巻・教職論】
　② 教育の本質や理念・目標＝日本教育学会，日本教育哲学会【第1巻・教育学概論】

③ 教育の歴史や思想＝教育史学会，日本教育史学会，西洋教育史学会，教育思想史学会【第3巻・教育史】
④ 発達と学習＝日本教育心理学会，日本発達心理学会【第4巻・教育心理学】
⑤ 教育と社会＝日本教育社会学会，日本社会教育学会，日本生涯学習学会，日本公民館学会，日本図書館学会，全日本博物館学会【第5巻・教育社会学，第6巻・社会教育】
⑥ 教育と行財政・法・制度・政策＝日本教育行政学会，日本教育法学会，日本教育制度学会，日本教育政策学会，日本比較教育学会【第7巻・教育の法と制度】
⑦ 教育と経営＝日本教育経営学会【第8巻・学校経営】
⑧ 教育課程＝日本カリキュラム学会【第9巻・教育課程】
⑨ 教育方法・技術＝日本教育方法学会，日本教育技術学会，日本教育実践学会，日本協同教育学会，教育目標・評価学会，日本教育工学会，日本教育情報学会【第10巻・教育の方法・技術】
⑩ 教科教育法＝日本教科教育学会，各教科別教育学会
⑪ 道徳教育＝日本道徳教育学会，日本道徳教育方法学会【第11巻・道徳教育】
⑫ 教科外活動＝日本特別活動学会【第12巻・特別活動】
⑬ 生活指導＝日本生活指導学会【第13巻・生活指導】
⑭ 教育相談＝日本教育相談学会，日本学校教育相談学会，日本学校心理学会【第14巻・教育相談】
⑮ 進路指導＝日本キャリア教育学会（旧進路指導学会），日本キャリアデザイン学会
⑯ 教育実習，教職関連活動＝日本教師教育学会【第15巻・教育実習】

B. 個別的分野（例）
① 国際教育＝日本国際教育学会，日本国際理解教育学会
② 障害児教育＝日本特別支援教育学会

③ 保育・乳幼児教育＝日本保育学会，日本乳幼児教育学会，日本国際幼児学会
④ 高校教育＝日本高校教育学会
⑤ 高等教育＝日本高等教育学会，大学教育学会
⑥ 健康教育＝日本健康教育学会

　人間は「教育的動物」，「教育が人間をつくる」などといわれるように，教育は，人間の発達，人間社会の基本的いとなみとして，人類の歴史とともに存続してきた。それを理論的考察の対象とする教育学のルーツは，紀元前の教育論に遡ることができるが，学問としての成立を著者・著作にみると，近代科学革命を背景とするコメニウス『大教授学』(1657年) 以降であり，その後のルソー『エミール』(1762年)，ペスタロッチ『ゲルトルート児童教育法』(1801年)，ヘルバルト『一般教育学』(1806年)，デューイ『学校と社会』(1899年)，デュルケーム『教育と社会学』(1922年) などは，とりわけ各国に大きな影響を与えた。

　日本では，明治維新の文明開化，近代的学校制度を定めた「学制」(1872年) を契機に西洋の教育学が移入されたが，戦前，教育と学問の峻別や国家統制のもとでその発展が阻害された。戦後，1945年以降，憲法の「学問の自由」(第23条)，「教育を受ける権利」(第26条) の保障のもとで，教育学の各分野が飛躍的に発展し，教職科目・教養の基盤を形成している。

3 教員免許制度と教育学

　現行教員免許制度は，教育職員免許法 (1949年) に規定され，教員免許状授与の基準は，国が同法に定め，それに基づき大学が教員養成 (カリキュラム編成とそれに基づく授業) を行い，都道府県が免許状を授与する。同法は，「この法律は，教育職員の免許に関する基準を定め，教職員の資質の保持と向上を図ることを目的とする」(第1条) と規定している。

　その立法者意思は，学問の修得を基礎とする教職の専門職制の確立であり，現行制度を貫く基本原理となっている。たとえば，当時の文部省教職員養成課長として同法案の作成に当たった玖村敏雄は，その著書で次のように述べてい

る。

　「専門職としての医師がこの医学を修めなければならないように，教育という仕事のために教育に関係ある学問が十分に発達し，この学問的基礎に立って人間の育成という重要な仕事にたずさわる専門職がなければならない。人命が尊いから医師の職業が専門職になって来た。人間の育成ということもそれに劣らず貴い仕事であるから教員も専門職とならなければならない。」「免許状」制は「専門職制の確立」をめざすものである（『教育職員免許法同法施行法解説』学芸図書，1949年6月）。

　「大学において一般教養，専門教養及び教職教養の一定単位を履修したものでなければ教職員たるの免許状を与えないが，特に教育を専門職たらしめるものは教職教養である。」（「教職論」『教育科学』同学社，1949年8月）。

　現行（2008年改正）の教育職員免許法（第5条別表）は，免許基準として，「大学において修得することを必要とする最低単位数」を定め，その構成は，専門教養に相当する「教科に関する科目」，教職教養に相当する**教職に関する科目**及び両者を含む「教科又は教職に関する科目」である。教諭一種免許状（学部4年制）の場合，小学校8,**41**,10，計59単位，中学校20,**31**,8，計59単位，高校20,**23**,16，計59単位である。1単位は45学修時間（講義・演習は15〜30時間），1年間の授業期間は35週，学部卒業単位は124単位と定められている（大学設置基準）。

　同法施行規則（第6条付表）は，各科目の修得方法を規定し，「教職に関する科目」の場合，各欄の科目の単位数と「各科目に含めることが必要な事項」が規定されている。教諭一種免許状の場合，次の通りである。

　第2欄「教職の意義等に関する科目」（「必要な事項」：教職の意義及び教員の役割，教員の職務内容，進路選択の機会提供）＝各校種共通2単位

　第3欄「教育の基礎理論に関する科目」（同；教育の理念と歴史・思想，学習と発達，教育の社会的・制度的・経営的事項）＝各校種共通6単位

　第4欄「教育課程及び指導法に関する科目」（同；教育課程，各教科・道徳・特別活動の指導法，教育の方法・技術〔情報機器・教材活用を含む〕）＝小学校22単位，

中学校12単位，高校6単位

　第4欄「生徒指導，教育相談及び進路指導等に関する科目」(同：生徒指導，教育相談，進路指導) ＝各校種共通4単位

　第5欄「教育実習」＝小学校・中学校各5単位，高校3単位

　第6欄「教職実践演習」＝各校種共通2単位

　現行法は，1988年改正以来，各教職科目に相当する教育学の学問分野を規定していないが，欄ごとの「各科目に含めることが必要な事項」に内容が示され，教育学の各分野(教育諸科学)との関連が想定されている。

　1988年改正以前は，それが法令(施行規則)に規定されていた。すなわち，1949年制定時は，必修科目として，教育心理学，児童心理学(又は青年心理学)，教育原理(教育課程，教育方法・指導を含む)，教育実習，それ「以外」の科目として，教育哲学，教育史，教育社会学，教育行政学，教育統計学，図書館学，「その他大学の適宜加える教職に関する専門科目」，1954年改正では，必修科目として，同前科目のほか，教材研究，教科教育法が加わり，それ「以外」に前掲科目に加え，教育関係法規，教育財政学，教育評価，教科心理学，学校教育の指導及び管理，学校保健，学校建築，社会教育，視聴覚教育，職業指導，1959年改正で必修科目として，前掲のほか道徳教育の研究が，それぞれ規定されていた。各時期の教職科目と教育学各分野との法的な関連を確かめることができよう。

　教員養成・免許の基準設定やその内容・程度の法定は，重要な研究テーマである。その視点として，教職の役割との関連，教職の専門職制の志向，教育に関する学問の発展との対応，「大学における教員養成」の責任・目的意識・自主性や「学問の自由」の尊重，条件整備などが重要であり，時代の進展に応じて改善されなければならない。

教師教育テキストシリーズ編集代表
三輪　定宣

第1章　教育方法を探求するということ

1　教育方法の探求者として歩み出すために

1　「答え」を授けられることと問いを分かち合うこと

　いい教育がしたい。人びとのその願いがさまざまな教育方法の探求を生み出してきた。その都度の時代や社会の状況のただなかで，それぞれの顔と声をもつ子どもたちと向かい合いながら，いまここにどんな文化をどう織りなし合ってゆくことがいい教育をすることになるのか。人びとがそうした問いを抱えながら教育にかかわるかぎり，教育実践を模索することと教育方法を探求することはつねに表裏一体のいとなみだったのである。

　その意味での教育方法の探求者は，本来，具体的な状況のなかで教育実践を模索する人びと自身である。近代の学校教育という制度のなかで，その意味での教育方法の実践的探求者として第一に位置づけられてきたのは，学校の教師たちだ。具体的な状況の内側から子どもや社会や文化と向かい合いながら，そこに織りなされる教育の在り方を問い直し，編み直してゆこうとする教師たちの探求。生きた教育実践の方法は，つねにそうした教師たちの実践的探求を基盤にして形成され，再形成されつづけてきた。

　教育方法学という学問は，そのような教師たちの実践的探求に対して，どのようなスタンスに立つべきものなのか。それは，教師たちに「いい教育方法」そのものを提供することによって，教師たちの実践的探求を「肩代わり」するものではない。むしろ，それは教師たちの実践の苦悩や試行がもつ意味を見つめ直す理論的な視点を提供するなかで，教師たちの実践的探求の活性化に貢献すべきものである。それぞれの教室や学校を拠点として行われる実践的探求そ

のものが活性化しないかぎり，その社会の教育文化の土壌がゆたかになることはありえないからだ。大学の教育方法学の講義は，いい教育方法の「答え」を受講生たちに授けることはできないし，またそうすべきでもない。外側から示される「答え」に従うのではなく，具体的な状況の内側から，他者たちとともに，なにがほんとうにいい教育なのかを探求し合ってゆくこと。大学の教育方法の講義が受講生に呼びかけるのは，その一人ひとりがそうした教育方法の探求者として歩み始めることにある。

　しかし，現代社会において，私たちはあまりに多くの「いい教育方法」の「答え」に囲まれて生活している。こうすればいいというあれこれのノウハウが，教育研究によって開発され，教育行政によって標準化され，教育産業によって商品化され，教育メディアによって情報化されているからだ。社会の不安定な変動期，人びとの孤立と不安が増せば増すほど，一方には，いい教育方法の「答え」を知っているし，それを効率よく教えられると称する人びとが現れ，他方には，いい教育方法の「答え」を求め，それを効率よく教わりたいと欲する人びとが現れる。しかし，いくつもの既成の「答え」に囲い込まれることは，必ずしも具体的な状況の内側からの実践的探求を深めることにはならない。

2　ソフィストの言説とソクラテスの探求

　ソクラテス（Sōkratēs, 前470-前399）が生きた古代ギリシアの時代も，それはある意味で同じことだった。古代ギリシアの社会変動期に職業的知識人として活躍したソフィストたちは，人間的・市民的な人格的卓越性を意味する「徳（アレテー）」を言葉で巧みに教えられると称していた。プラトン（Platōn）が描く『メノン』のなかには，ソフィストの教えにふれたメノンという青年が登場する。彼は，ソクラテスに，「徳は教えられるものなのか」と尋ねる。人間の人格的卓越性というものは，生まれつきのものなのですか，言葉で教えられるものなのですか，それともそれ以外の仕方で形成されるものなのですかと。ソクラテスの答えは，メノンにとって意外なものだった。自分は徳が教えられるかどうかはもちろん，そもそも徳とはなにかさえ知らないし，それを知っているひと

に出会ったこともないのだと語ったからだ。いぶかるメノンは，徳がなにかぐらいは自分も知っていますよと，男の徳はこれこれであり，女の徳はこれこれであり，ほかにも市民の徳や奴隷の徳など挙げればいくらでもあげられますと語りだす。現代風にいえば，メノンは「男力」，「女力」，「市民力」，「奴隷力」を並べ立てたことになるだろう。それらの「答え」には，その時代のギリシアの慣習だけではなく，明らかにソフィストの言説が反映されていた。

それに対して，ソクラテスは，性別や身分のちがいによるあれこれの徳を並べ立てるのではなく，人間そのものの人格的卓越性とはなにかを語ってほしいのだがと問い返し，そこから二人のあいだの問答が展開されてゆく。そこでの対話の行方がどこに向かってゆくのか，そして，こうした言葉の定義を求める対話だけでどこまで行けるものなのかはさておき，ここでは，この対話のなかでソクラテスが一貫して青年メノンに呼びかけているひとつの姿勢に着目しておきたい。ソクラテスはメノンに，あれこれの「答え」を受け売りするのではなく，自らの問いを覚醒させること，そしてそれをともに探求することを呼びかけつづけている。人間の教育の在り方という複雑な奥行きをもつ問題に向かう教育方法学は，ソフィスト的な「答え」を示す言説の技術ではなく，むしろ，ソクラテス的な共同探求の倫理に連なるべきものだろう。

3　人格形成の土台を培う方法

古代ギリシアのソクラテスがメノンとともに探求しようとした人間の人格的卓越性は，近代教育学がその出発点において教育の目的とした人間の人格形成の土台の問題につながってゆく。ルソー（Roussoau, J.-J., 1712-1776）やペスタロッチ（Pestalozzi, J. H., 1746-1827）は，子どもたちがあれこれの身分や職分に分かれる以前の人間の人格形成の土台を培うことに教育の目的を見定めていた。ルソーは「人間に共通の天職は人間であることだ」と語り，ペスタロッチは「王座の上にあっても木の葉の屋根の蔭に住まっても同じ人間，その本質からみた人間とはいったいなにか」という問いから自著を書き出している。ヘルバルト（Herbart, J. F., 1776-1841）が『一般教育学』のなかで「教育の目的は実践哲学が

見いだし，その方法は心理学が見いだす」と語ったとき，そこでの実践哲学の主題とは人間の人格形成にほかならなかった。

　日本の教育基本法の冒頭をなす「教育は人格の完成を目指し」という文言も，そうした近代教育学の教育の目的の自覚と無縁ではない。私たちの社会は，教育の根幹を定めるその法において，教育の目的を人格形成に求めることを共通の指針としている。しかし，人間の人格形成の土台を形成するということは，いったいなにをどうすることなのか。この時代と社会のなかで，目の前の子どもたちといまどんな文化をいかに学んでゆくことが，それぞれの子どもの人格形成の土台をかたちづくることにつながるのか。その問いは，人格形成という言葉を人間形成や主体形成あるいは自己形成という言葉に置き換えたとしても，つねに，それぞれの教育実践者の前に複雑な奥行きをもってひらかれている。

4　近代の教育学と現代の教育学

　具体的な社会の状況のただなかで，それぞれの子どもの人格形成の土台の形成を支える教育といういとなみ。それはおそらく18世紀に生まれた近代教育学の創設者たちが想定した以上に複雑な奥行きをもつものだった。近代教育学は，人間のnature（自然，本性，本質）を見いだし，それに基づいた普遍的原理を適用することで，教育を根本的に改善しうるという見通しをもっていた。哲学の「真理」や諸科学の「法則」の上に人間の教育の普遍的な原理と方法を構築しうるというヘルバルトのヴィジョンはその典型であり，ある意味ではそれが現在にいたる教員養成の基本的な枠組をなしている。

　しかし，現代の教育学は，「人間の本性」とか「人間の本質」と呼ばれるものが，近代の教育学が想定したほど「自然」なものでも「普遍」のものでもなく，その都度の時代と社会によってたえず構成され，再構成されつづけているものであることに自覚的になってきている。人間の人格形成の在り方を「普遍的な真理」や「一般的な法則」の名のもとに語ることは困難であるばかりか，危険なことでさえある。そうした自覚を深めるかぎり，哲学や科学が見いだした「普遍的根拠」や「一般的技術」を個別の教育現場に適用してゆけば教育が

改善されるというヴィジョンはもはや成り立たない。もちろん，諸学の発展は教育の発展につながるべきだし，教育の発展は諸学の発展に開かれていなければならない。日本の戦前の師範学校の諸学から分離された体制から戦後の教員養成の諸学への開放への転換をけっして逆行させるべきではない。しかし，現代の教育学においては，教育に対する諸学の知見の貢献は，教育実践の「普遍的根拠」や「一般的技術」としてではなく，むしろ現実の実践の複雑な問題や意味をとらえ直す多角的視点として位置づけ直されてきている。人間という存在がつねに文化的・社会的な再構成のなかにある存在だとすれば，教育実践とは，文化的・社会的に構成されてきた人びとが，自分たちを文化的・社会的に再構成し合ってゆくいとなみにほかならない。人間と社会に関するあらゆる学問的探求は，複雑な奥行きをもったそのいとなみの意味をとらえ直す視点として貢献しうるものなのだ。

　教育方法学という学問は，いわば，教師たちの実践的探求と多様な領域の学問的探求のはざまに位置する一種の境界的な学問領域だといえる。実際，現代の教育方法学の研究者の多くは，その軸足の置き方こそさまざまだが，一方では，具体的な状況のなかでの教育実践の内側に参入しながら，他方では，それぞれに哲学，歴史学，心理学，社会学，民族学，政治学，あるいは身体論，情報論，ジェンダー論といった学問領域のいずれか，ないし，いくつかに関与している。実践の問題を諸学の問題につなぎ，諸学の問題を実践の問題につなぐ，その境界領域こそが教育方法学に固有のトポス（場所）なのだといっていい。

　多様な視点から教育方法の意味を問い直す本書の冒頭のこの章では，みなさんがこれから教育方法の探求に向かってゆく際に，その前提となる以下のような基本的な問題の考察を行っている。①教育実践の生きた現実のなかに息づく教育方法はなにによって構成されているものなのか。②そこでの教育方法はどのような基本的特徴をもち，その特徴を踏まえた探求にはなにが求められるのか。③人びとがもつ教育方法観のなかにはどのような次元のちがいがあり，私たちはそれらとどう向かい合ってゆくべきなのか。

2 教育実践の生きた現実のなかに息づく教育方法

　「教育方法」という言葉で人びとがまっさきに思い浮かべるものはなんだろう。「ノウハウ」の情報にせよ、「メソッド」の理論体系にせよ、人びとがまず思い浮かべるのは、すでに文字で書かれた教育方法なのではないだろうか。しかし、現実の教育の方法は、人びとによって書かれる以前に、人びとによって行われ、人びとによって生きられている。それは、第一次的には、具体的な状況のなかで教師が子どもたちと向かい合う教育実践の生きた現実そのもののなかに息づいているものなのだ。教育の方法を探求するということは、教育実践の生きた現実の在り方を見つめ直し、その意味を他者とともに問い直すなかで、新たな在り方を模索してゆくことにほかならない。教育方法の探求が、まずその対象として見定めるべきなのは、教育実践の生きた現実のなかに息づく教育の方法なのである。

　大学の教員養成において、通常それは、「学習指導」や「生活指導」の仕方、「授業計画」や「単元展開」の仕方、あるいは「子ども理解」や「学習評価」の仕方といった用語で語られている。それらが学校教育を構成する主要なまとまりと考えられてきたからだ。しかし、教育実践の生きた現実は、人びとがそれらの項目から連想するものよりはるかに複雑で繊細な多数多様な諸契機の連関によって織りなされている。

1　存在の仕方や表現の仕方

　教育実践のいとなみは、からだとことばのすべての層における存在の仕方や表現の仕方によって、つねになんらかの仕方で織りなされている。教師が子どもにどんなまなざしを向け、どんな声で呼びかけているのか。そこに、子どものからだの表出をどう受けとめ、どう応えようとしている教師のからだが現れているのか。子どものからだと向かい合う教師のからだの在り方がすでに教育方法の土台をなしているのである。そのような教師のからだと子どものからだの基底的な層の上に、教師と子どもの問答の仕方や子ども同士の会話の仕方と

いった話しことばの層や，授業の指導案の様式や学校の研究報告の書式といった書きことばの層が折り重なる。子どもの傍らに立つ教師の居方や見方，子どもと対話する教師の語り方や聴き方，授業を構想し省察する教師の文章の書き方。

そのようなからだとことばのすべての層における存在の仕方や表現の仕方の重なりのなかで，教育実践はつねになんらかの方向に向かって織りなされているのである。

2 授業をはじめとした活動の展開の仕方

教育実践のいとなみは，教師と子どものあいだでいとなまれる授業をはじめとした活動の展開の仕方によっても，つねになんらかの仕方で織りなされている。教育活動を展開するにあたって，その主導権をどこまで教師が握り，どこから子どもに委ねるか。「導入，提示，展開，総括」からなる一斉授業型の活動展開の仕方と，「目的，計画，遂行，評価」からなる問題解決型の活動展開の仕方のちがいは，そのような主導権の持ち方のちがいを示す典型だろう。しかし，一見すると教師主導の展開に見える一斉授業の活動も，その教師が子どもの表情や発言をどう受けとめ，それに基づいてどんな語り直しや問い直しをしているかによって展開の仕方は変わってくるし，傍目から見れば子ども主体と見える問題解決の活動も，教師がそれぞれの子どもの追求のなにをどう支え，子どもどうしの対話のどこにどう立ち止まるかによって展開の仕方は変わってくる。どのような教育活動も，教師だけの活動や子どもだけの活動で成り立つことがありえない以上，教育実践の展開の仕方は両者のあいだの相互性の在り方によっても左右されることになる。

教育の活動の展開の仕方は，1時間の授業やひとつの単元，1年間の教室づくりといった時間的な生成の視点からとらえることもできるし，授業のなかでの教師の立ち位置や子どもの机の配置の仕方，教室の掲示物のレイアウトの仕方や学校建築の活用といった空間的な構成の仕方の視点からとらえることもできる。授業の教材に教科書を用いるのか，教師による自前の資料を用いるのか，

あるいは子どもたちの生活のなかの出来事を教材化するのかといった教材の編成の仕方や，ひとつの授業のなかで生起した出来事をこれまでのどんな出来事やこれからのどんな場面に結びつけるのかといった出来事間の連関の仕方からとらえることもできる。

そのような，教師と子どものあいだの主導権の持ち方や相互性の在り方，時間的な展開の仕方や空間的な構成の仕方，教材の編成の仕方や出来事間の連関の仕方といった，授業や活動を展開するためのさまざまな契機の連関のなかで，教育実践はつねになんらかの方向に向かって織りなされているのである。

3　教師の実践的思考の様式

教育実践のいとなみは，以上のような，目に見えるかたちとなって表れる存在や表現の仕方や授業や活動の展開の仕方ばかりではなく，それらを裏側から支える教師の実践的思考の様式によっても，つねになんらかの仕方で織りなされている。教師が教室のなかの子どもの姿を見るとき，一定の尺度をあてはめて子ども個人の能力の有無を見ることに終始するのか，具体的な文脈や経緯をとおしてその子どもの追求の底にある自己形成の葛藤や願望を見ようとするのか。前者の見方を出発点にすれば，教師はその子どもに欠ける「〇〇力」を身につけさせたいという願い方をするだろうし，後者の見方を出発点にすれば，教師はその子どもが自分なりの追求に取り組むなかでなにかを越える場面を見たいという願い方をするだろう。教育の出発点をなすそのような子どもに対する見方や願い方のちがいが，すでに教師の実践的思考の出発点を分岐させている。

同様に，子どもが学んでいる題材の文化的な意味や価値を教師がどう見ているかによっても，教師の実践的思考様式は異なってくる。同じ「あいうえお」を教えるときにも，子どもたちが文字を学ぶことの意味をもっぱら記号の習得のみに見いだすのか，日常の暮らしや話しことばとのつながりを意識するのか。同じ「かけ算」を扱うときにも，かけ算を学ぶことの意味をもっぱら九九の習得のみに見いだすのか，単位あたりの数が同じときにかけ算が成り立つという

かけ算の本質の理解を意識するのか。そうした教材の意味や単元の本質のとらえ方のちがいも，教育の実践的思考様式の重要な分岐点をなしている。

子どもに対する見方や願い方のちがいや学んでいる題材の文化的な意味や価値のとらえ方のちがいは，その後の教育実践の構想の仕方や反省の仕方につながってゆく。教師が「〇〇力」の効率的な形成をめがける場合には，そのために有効とされている一般的なプログラムを導入し，結果として測定された結果から授業の成果を評価する思考様式となじみやすいだろうし，それぞれの子どもの追求の底にある自己形成の葛藤や願望を支えることをめがける場合には，その子どもなりの仕方で，ものやひととかかわることができる授業の過程や教室の場面を構想し，そこに生起する出来事を振り返るなかから教育実践の意味を問い直すような思考様式が必要になるだろう。

そのような，子どもに対する見方や願い方，教材の意味や単元の本質のとらえ方，授業の構想の仕方や省察の仕方といった教育実践の過程のさまざまな思考様式のちがいによって，教育実践はつねになんらかの方向に向かって織りなされているのである。

4　関係の生成の仕方や場の編成の仕方

そして，教育実践のいとなみは，その実践にかかわるさまざまな人びとの関係や場の形成の仕方からも見つめ直すことができる。教師と子どものあいだには，ケアしケアされる相互的な関係が生成されることもあれば，統制し統制される権力的な関係が形成されることもある。教室の子どもどうしのあいだには，一人ひとりの声が交わり合う応答的な場が生成されることもあれば，一人ひとりがばらばらな分散的な場におわることもある。教師と保護者のあいだには，協働的なパートナーシップが形成されることもあれば，相互不信と相互防衛の溝が深まる場合もある。学校内の教師たちのあいだには，子どもや授業について語り合える関係が形成される場合もあれば，多忙と評価のなかで孤立し疲弊する関係が蔓延する場合もある。教室の子どもたちと地域の文化の担い手とのあいだには，子どもがその人の生き方にふれるような関係が生まれることもあ

れば，一般的な情報や技術の交換だけにとどまる場合もある。研究者と教師のあいだには，教室の出来事に即した共同探求の関係が醸成されることもあれば，講師と受講者の一方的な関係が反復される場合もある。

そのような，教師と子どもの一対一の関係の仕方や教室という場の生成の仕方，あるいは，保護者との関係の仕方や同僚教師との協働の仕方，さらには地域の文化の担い手との関係の仕方や大学の研究者との共同研究の仕方といった，学校の内外をめぐるさまざまな関係や場の生成の仕方のちがいによっても，教育実践はつねになんらかの方向に向かって編み直されているのである。

5　森の生態系のような教育方法

以上のような，教育実践の諸局面を構成するもろもろの微細な仕方は，そのどれひとつとしてそれ自体で完結したものはなく，互いに複雑に絡み合っているものであり，ひとつの契機の変化はそれ以外の諸契機になんらかの作用をおよぼさずにはおかない。文字で書かれた「教育方法」の平面を越えて，教育実践の生きた現実の奥行きのなかに踏み入るとき，そこに私たちが見いだす教育の方法とは，まるで深い森の生態系のように多数多様な諸契機が複雑に絡み合いつねに変化しつづける動的総体なのである。

教育の方法を，以上のような多数多様な諸契機が織りなす複雑で繊細な動的複合体として示すことは，これから教育方法の探求に向かおうとする人たちを，いたずらに圧倒することになるかもしれない。しかし，それは一挙に森をきわめようと焦るからなのだ。教育実践を織りなす諸契機が複雑に絡み合っているということは，そのどれひとつを問い直すことからも教育実践のその他の局面の問題がたぐりよせられることを意味している。ある人は，子どもに向かい合う教師のからだの在り方の根源的なちがいに惹かれるかもしれないし，別のある人は，教室の机の配置の仕方のちがいに関心をもつかもしれない。たとえ，それら一つひとつの岐路がどれほど些細なことと見えようとも，現実の教育実践はそれら一つひとつの些細なことの積分によってしか織りなしえないものなのだ。子どものからだとことばを受けとめる教師のからだを問題にしようとす

ることが、子どもたちが互いのからだとことばを受けとめ合える教室の机の配置の問題につながってゆくように、ひとつの岐路の意味を見つめ直すことは、つきつめてゆけば必ずその他の諸局面の岐路の意味を考えることにつながってゆく。そのように、教育実践を織りなすさまざまな岐路のあいだになんらかの意味連関を見いだす作業を重ねてゆくなかで、私たちは、教育実践という深い森を探索するための自前のマップを作り直してゆくことができる。

③ 教育方法の基本的諸特徴

では、以上のような教育実践の諸側面を織りなす具体的な仕方は、そもそもどのような基本的特徴をもつものなのか。そして、それらの諸特徴を踏まえるとき、教育方法を探求するということは、いったいどのようないとなみとして見通されることになるのだろうか。

1 それ以外の仕方でありうるということ

教育方法はつねに「それ以外の仕方でありうること」だということ。それが第一にあげるべき教育方法の基本的特徴をなしている。教育実践の諸局面を織りなす具体的な仕方は、そのどれ一つをとってもさまざまに異なる仕方をとりうる可能性をもっている。教室の机の配列は一斉に黒板の方を向くようにすることもできるし、互いに顔を見合わせるコの字型にすることもできる。国語の読解の発問は、教師が教材研究をとおして練り上げることもできるし、子どもたち自身がつくりだすこともできる。同じ子どもの姿を見ても、その「○○力」の有無のみを見ることもできれば、その子どもの葛藤や願望を見ようとすることもできる。教育実践のどの局面を織りなすどんな仕方も、つねに自分たちで変えてゆけるものなのだ。アリストテレス（Aristotelēs, 前384–前322）は、あらゆる学問の対象を分類するにあたって、「それ以外の仕方でありえないこと」と「それ以外の仕方でありうること」という根源的な差異から出発している。自然の法則や数学の定理は「それ以外の仕方でありえない」必然の領域に属するものだが、人間の制作や社会の実践は「それ以外の仕方でありうる」自由の

領域に属している。人間がつくりだしてきたものは人間がつくり直すことができるし，人間と人間のあいだに織りなされてきたものは，人間と人間のあいだで織り直してゆくことができる。いうまでもなく，教育実践も，それが人間のいとなみのひとつであるかぎり，本来，つねに「それ以外の仕方でありうるもの」なのである。その時代や社会の一般的な教育の在り方とは異なる原理や方法をもった教育を，人びとはしばしば「オルタナティヴ（もうひとつの）教育」と呼ぶ。しかし，「オルタナティヴ」という言葉が，「代案」を示す以前に，まず，そこに「複数の道がありうる」という「分岐点」を示す言葉であることを踏まえるなら，教育方法は，本来，「オルタナティヴ」な性質をもつものなのである。

　いかなる教育方法もつねにそれ以外の仕方でありうるものであり，具体的な状況のなかでの省察や対話をとおして自分たちで変えてゆけるものなのだということ。このきわめて当たり前なことを，あえて教育方法の第一の特徴として確認することの意味はけっして小さなことではない。なぜなら，教育実践の諸局面を織りなす多くの具体的な仕方は，あたかも，「それ以外の仕方でありえないこと」であるかのように，あるいは，自分たちでは変えられないものであるかのように見なされているからだ。教育方法がそのように見なされるのには二つの場合がある。ひとつは，それが伝統的に慣習化されている場合であり，もうひとつは，それが外側から改変される場合である。

　教育方法は，それが慣習化されるとき，あたかも「第二の自然」のように見なされる。一斉に黒板の方に向けられた机の配置の仕方しか経験しなかったひとは，教師になっても同じ机の配置の仕方を「自然」に感じるし，教師からの発問しか経験してこなかったひとは，教師になっても自分から発問するのを「自然」と見なすだろう。そして，教師からつねに「できる」「できない」という尺度だけで見られてきたひとは，教師になっても子どもの姿に「〇〇力」の有無ばかりを見るのを「自然」なことだと考える。もちろん，どんな慣習にもなんらかの意味があり，そのなかには安易な変更を避けるべきものもある。しかし，日常の教育実践を構成する慣習的な仕方が人為的なものであることを忘

れて，それを「自然」なもののように見なしつづけているかぎり，教育方法の探求ははじまらない。

　反対に，教育方法が外側から改変される場合には，人びとは教育の方法がまさに変化してゆくものであることを目の当たりにする。しかし，しばしば「改革」の名のもとになされるそうした変化は，具体的な状況の内側にいる教育実践者たちの主体的吟味を経ずに推し進められてゆく。教育行政は，教育の諸条件を整備する役割を果たすという原則からいえば，本来，日々の教育実践の具体的な襞(ひだ)に介入する権限はもたない。しかし，こういう「いい教育方法」があるという情報を提供することはできるし，それがどれだけ実施されたかを調査することもできる。そのような「情報提供」と「実態調査」は，自主規制と相互規制の体質を強める教育現場のなかでは，実質的には一種の権力作用を果たすことになる。そのとき，外側から示される教育方法は，人びとからあたかも「それ以外の仕方ではありえないこと」であるかのように見なされることになる。

　教育が，具体的状況の内側からの実践的探求のみで変化するものではなく，つねにその時代と社会の支配的傾向からなんらかの影響を被るものであること自体は否定できない。軍国主義が強化される時代状況のなかでは軍国主義的な教育の仕方が，民主主義が称揚される時代状況のなかでは民主主義的な教育の仕方が，市場主義が強調される時代状況のなかでは市場主義的な教育の仕方が，教育実践の諸局面に確実に浸透してゆく。もちろん，そうした「改革」が示す方向のなかには，教育の在り方を問い直すうえで十分に考慮すべきものも少なくはないだろう。しかし，それぞれの時代と社会の支配的傾向が教育実践の諸局面に浸透してゆくままにすることは，きわめて危険なことでもある。外側からの改革に流されるとき，教師は目の前の子どもと多様な社会の人びとの現実に応える実践の軸を見失ってしまうからだ。そうした危険に対する歴史的反省から「教育の自律性」や「教職の専門性」という概念も鍛え直されてきた。教育方法の実践的探求はその「自律性」や「専門性」の核心をなすものである。

　慣習のなかで繰り返される仕方しかありえないと見なす無反省な態度からも，改革が推し進める仕方しかありえないと見なす無批判な態度からも，教育方法

の実践的探求は生まれない。それだけでは，ある時代の「改革」が次の時代の「慣習」になるだけのことだ。慣習に埋もれるのでもなく，改革に流されるのでもなく，それらとのあいだになんらかの距離や緊張を保ちながら，それらの意味を他者とともに問い直すような反省的・対話的なスタンスを培うこと。それが教育方法の実践的探求のもっとも根源的な土台をなしている。

2　それぞれに「意味＝方向」を帯びているということ

　教育実践の諸局面を織りなす具体的な仕方は，その一つひとつが教育実践のその局面をなんらかの方向に向かわせる意味を帯びているということ。それが教育方法の第二の特徴である。たとえば，教室の机を教壇に向かうように配列するのか，互いに顔を見合わせるコの字型に配列するのか。教師が子どもたち全員に知識を効率よく伝達するには前者が適しているかもしれないが，子どもたちが互いの思いや考えを語り合ったり聴き合ったりするにはむしろ後者が適しているだろう。国語の読解の授業で教師が練り上げた発問をするのか，子どもが考えた問いを話し合うのか。子どもたちを作品の核心に導きやすいのは前者かもしれないが，子どもたちが自分もまた問いを構成しうる主体であると実感しやすいのは後者だろう。子どもの姿に「〇〇力」の有無のみを見るのか，その子どもの現在の葛藤や願望を見い出そうとするのか。客観的な評価になじみやすいのは前者にちがいないが，ケアしケアされる関係の生成には後者こそがふさわしいだろう。

　教育方法を構成するさまざまな具体的な仕方は，その教育実践の局面を特定の「方向」に向かわせる「意味」を帯びている。教育方法の実践的探求をするということは，それぞれの具体的な仕方がもつその「意味＝方向」を問い直すことなのだといっていい。それぞれの教育方法はそれぞれの「意味＝方向」をもつというこの自明な事態を，あえて教育方法の第二の特徴として自覚することも，けっして小さなことではない。現実の教育実践の諸局面を構成するあれこれの教育方法は，しばしばその「意味＝方向」がまともに吟味されないまま長らく反復されたり，急速に改変されたりしているものだからだ。

慣習化された教育方法はその「意味＝方向」が問われることなく長らく反復されている。たとえば，近代学校教育のなかで慣習化されたチャイムとともに全体が一斉に行動する様式は，近代学校教育の形成期には機械とともに動く工場労働者を形成する面をもっていたし，教師から一望のもとに見渡すことができる教室の空間配置の形式は一方的な知識伝達や規律訓練を効率よく行うために設計されたものである。それらは，人間の人格形成の土台を培うという近代教育学の理念が反映されたものというより，もともと近代産業の労働力の形成や近代国家の国民の形成を目指す「意味＝方向」を帯びていた。

外側からの改革が示す教育方法は，なんらかの目的を実現するための手段として明確に位置づけられている点で，慣習化された教育方法とはちがっている。たとえば，「学力」の向上のために教室の子どもたちの座席を学力テストの成績順にするという方法が導入されたとしよう。この場合，成績順の座席という教室の空間配置の仕方は，「学力」の向上という目的を実現するための手段として明確に位置づけられている。しかし，教育方法の「意味＝方向」を吟味するということは，そうした一面的な目的－手段連関の考察を越える深さや広がりをもっている。成績順の空間配置は，子どもたちのあいだに互いを序列化する見方が内面化されたり，成績上位者の虚栄心と成績下位者の劣等感が助長されたり，教室のなかで学び合い支え合う関係が疎外される「意味＝方向」を帯びてもいる。学力の向上のために安易な競争の手段を導入することが，結果として，目の前の子どもたちや教室の場にどんな作用をもたらすか，はたしてそれが「いい教育」といえるかどうかと問い直してゆくこと。教育方法を探求するということは，予め定められた一面的な目的を効率よく実現する手段を考案するだけの技術的知性に限定されるものではなく，具体的な状況のなかで自分たちの方法がもつ意味や価値を熟考し判断する実践的知性の奥行きをもっている。

3　内的な意味連関をなしているということ

教育実践の諸局面を織りなす具体的な仕方は，その一つひとつが個々ばらば

らに機能しているものではなく，それらのあいだになんらかの内的な意味連関が形成されうるものであるということ。それが教育方法の第三の基本的特徴をなしている。

　教育方法の実践的探求をするということは，国語力や算数力やコミュニケーション力や問題解決力といったあれこれの「〇〇力」を身につけさせる手法や技法を個々ばらばらに考案する以上の意味をもっている。たとえば，1年生の国語であいうえおの「あ」を教えるときに，たんなる文字の反復練習ではなく，「あ」のつくものになにがあると問いかけることから文字の学びをはじめる教師は，算数で足し算を教えるときにも，子どもたちが学んだ足し算の仕組みを使って問題をつくることを促すかもしれない。国語であれ，算数であれ，その教師は教室の学びと子どもの暮らしのつながりを大切にしているからだ。そういう教師は，学校のさまざまな場面で子どもが示す姿のなかに，その子どもの現在の葛藤や願望を見ようとしたり，それぞれの思いを分かち合っていける教室の場づくりを大切にしようとするだろうし，同僚の教師たちや保護者たちとのあいだでも，互いの悩みや願いを分かち合う関係を大切にしてゆくだろう。この場合，たんにひとつの教科の活動の仕方と別の教科の活動の仕方が共通の様式をもつというだけではなく，教師の子どもに対する見方や教室の場の生成の仕方，あるいは同僚や保護者との関係の生成の仕方が，相互に密接な意味連関をなしていることになる。

　教育実践の諸局面を織りなすもろもろの具体的な仕方は，それぞれが個々ばらばらに機能しているものではなく，それらのあいだになんらかの意味連関を形成しているものなのだ。もちろん，現実の公教育のなかの教育実践はつねにさまざまな矛盾や妥協をはらんでいるものであり，どんな教育実践のなかの意味連関もけっして完全な一貫性をもつことはなく，そこに見いだされるのはゆるやかな相互連関にすぎない。しかし，たとえゆるやかなものであっても，そこになんらかの内的な意味連関が形成されないかぎり，それは本格的な意味での教育方法の探求にはならない。

　現実の教育実践の諸契機のあいだの意味連関は，必ずしも教師たちの実践的

探求によって編み直されるものではなく、しばしばその時代と社会の支配的な傾向によって形成されている。教室の座席を成績順にする方法を導入した教室には、その後ろの壁には子どもが読んだ本の数を競い合うグラフが掲示されているかもしれないし、授業のなかで課題をいち早く仕上げた子どもが褒められる習慣が形成されていてもおかしくはない。そこでの教師は子どもの能力の有無を問題にする見方を強める傾向をもつだろうし、学校の教師間でも互いの指導力の高低を意識する見方が広がってゆく。そのような実践の諸側面の傾向が、学校ごとの学力テストの成績を公表する教育行政の体制と同じ「意味＝方向」に向けられて行く。たとえば、そのような教育実践の場にグループワークという手法を導入したとしよう。その場合、たとえグループワークそのものは学びの共同をめがける「意味＝方向」をもつものだったとしても、それだけが学力競争を促すその実践の全体的布置のなかに置かれるかぎり、しばしばそれはグループ間の競争やグループ内の序列を強化するだけにおわることになる。それに抗するためには、教師の子どもに対する見方をケアリング的なものにすることや教室の場づくりの在り方を応答的なものにすることをはじめとした、教育実践を構成するその他の諸契機の一貫した組み替えが連動する必要があるのである。

　教育方法の実践的探求が、現実の諸力の影響を受けながらも、それらから相対的に自律した専門的なものになるためには、そこでの探求は個々の手法や技法の開発ではなく、教育実践を構成する諸契機のあいだの内的な意味連関を問い直すものにならなければならない。もろもろの具体的な仕方 (way) が内的な意味連関を織りなすとき、そこにその教育実践の総体が向かう道筋 (way) のようなものが生まれる。教育の方法 (way) を探求するということは、個々の具体的な仕方を問い直すだけではなく、その教育実践全体の軸線を問い直すことでもあるのだ。その時代や社会の支配的傾向と向かい合いながら、ときにその傾向を引き受け、ときにその傾向をやりすごし、ときにその傾向に抗するなかで、自分（たち）が大切にする教育実践の軸線をつねに問い直し、互いに編み直してゆくこと。教育方法を探求するということは、そのような教育実践の軸線を

たえず再形成し合ってゆくことにほかならない。

4　教育方法観を問い直す

　以上のような教育実践の内的な意味連関をどの程度まで自覚するのか，また，そのような意味連関が形成される座をどこに見いだすのかによって，私たちはさまざまな教育方法観をもつことになる。ひと口に教育の方法といっても，一方には，意味連関という発想自体をほとんどもたない個々の「ノウハウとしての教育方法」の次元があり，他方には特定の原理に基づいて全体を理論的に体系化する「メソッドとしての教育方法」の次元がある。両者は意味連関の自覚の点では対極をなすものだが，いずれも具体的な状況や特定の文脈や固有の他者を捨象した汎用性や一般性を求めるものである点では共通している。それに対して，ひとりの教師の人生と仕事のなかで練り直されてきた教育方法の次元や，ひとつの学校の持続的な研究のなかで編み直されてきた教育方法の次元がある。前者は教師個人の「スタイルとしての教育方法」の次元であり，後者は「学校のカルチャーとしての教育方法」の次元だといえる。両者は，教育方法の意味連関が形成される座を教師という主体に見いだすのか，学校という場に見いだすのかという点では異なるものだが，いずれも具体的な状況の特定の文脈において固有の他者とのあいだに織りなされる現実の生きた教育実践そのもののなかに息づく教育方法であるという点では共通している。教育方法の実践的探求をするうえで，以上のような，①ノウハウとしての教育方法，②メソッドとしての教育方法，③スタイルとしての教育方法，④カルチャーとしての教育方法のそれぞれの次元はどのよう意義や問題をもつものなのか。

1　ノウハウとしての教育方法

　教育実践の諸局面を織りなす個々の具体的な仕方を，その実践が構成する内的な意味連関から切り離して，それ自体として有効な技法や手法として一般化するとき，そこにノウハウとしての教育方法が生まれる。ノウハウとしての教育方法という見方は，その単純さと伝えやすさゆえに，人びとのあいだにもっ

とも広く浸透している教育方法観だといえる。実際，多くの人びとが「教育方法」という言葉で真っ先に思い浮かべるイメージは，このノウハウとしての教育方法の次元だろう。現代社会の学校や企業の教育現場で「スキル」と呼ばれるものは，ほとんどの場合，このノウハウとしての教育方法になっている。「スキル（skill）」という言葉自体は，もともと，「熟練」や「眼識」という意味合いをもつ言葉であり，多年にわたってひとつの仕事に取り組んできた職人が，その経験のなかで練り上げてきた腕前や見識を意味している。いわゆる職人技の伝承のための徒弟制という教育の様式は，そのような技の奥行きに対する誇りと敬意を前提にしたものだった。それに対して，現在，「スキル」と呼ばれているものは，具体的な仕事の文脈からも固有の人格からも切り離されて，誰もがどこでも即座に活用できるノウハウを意味するようになっている。

　ノウハウとしての教育方法は，最も断片化され，形骸化された教育方法の次元だといえる。それは，教育方法をあたかもモノのように受け渡しすることができるものと見なす「物象化」や，それ自体が具体的な実践の意味連関を離れて特殊な効力や効能をもつかのように信奉される「物心崇拝（フェチシズム）」を生み出している。教師たちが，職場の多忙と孤立のなかで，目の前の教室の出来事の意味を語り合う関係から疎外されればされるほど，ノウハウとしての教育方法はもてはやされるようになるし，そこに意識が向かえば向かうほど教師の教育方法の探求は「外向き」のものになる。

　にもかかわらず，現代社会のなかで私たちはこれほどまでにノウハウとしての教育方法に囲まれて生活している以上，それをなんらかの仕方で教育方法の実践的探求に活用することも必要かもしれない。おそらく，それが意味をもつのは，新たな技巧や手法にふれることによって，それ以前には自明のものと見なしてきたこれまでの仕方の意味を問い直すことにある。ノウハウとしての教育方法は，それ自体を「いい教育方法」として信奉するのではなく，教育実践の諸局面のなかにあるさまざまな分岐点を意識する手がかりとして活用すべきものなのだといっていい。

2 メソッドとしての教育方法

　メソッドとしての教育方法は，一定の原理に基づいて教育実践を構成する諸契機を体系化した教育方法の次元である。「メソッド（method）」という言葉はギリシア語の「メトドス」を語源とする言葉であり，「メタ（後に，間に）」＋「ホドス（道筋）」，つまり，ものごとを実現する道筋を自覚的に見つめ直した理論を意味している。教育実践の諸局面を織りなすもろもろの具体的な仕方のあいだの意味連関を一定の原理に基づいて理論的に体系化したもの，それがメソッドとしての教育方法なのだといえる。近代教育学の古典と見なされるルソーやペスタロッチやヘルバルト，あるいはデューイのなかに私たちが見いだす教育方法は，この意味でのメソッドとしての教育方法の次元である。

　メソッドとしての教育方法から私たちが学ぶことができるのは，教育実践の在り方を一貫して問い直す視点や枠組みにある。たとえば，ルソーは，子どもが子ども期の経験を充実させることの意味や自分が学んでいることの必要を実感できることを重視した。ことばの前にからだでものごとにふれること，書きことばの前に話しことばを充実させること，はじめて文字を学ぶときにはその文字の意味を知りたくなる生活の文脈を活用すること，もしも窓ガラスを割ってしまったら，言葉で説教をするのではなく，しばらく窓ガラスの割れた寒い部屋で過ごしてみること。『エミール』のなかから私たちが学ぶべきなのは，そこに描かれた個々の手法や技法そのものではなく，それらを一貫して構成しているルソーの視点である。同じように，私たちはペスタロッチの『隠者の夕暮れ』や『シュタンツ便り』のなかに，教師の子どもに対するケアが子ども同士のケアを生み出す「居間」のような場づくりを土台にして，それぞれの文化の基礎を直観的につかむ学びを経験するなかで，子どもたちが自分の人生をつくり社会に貢献してゆけると実感できるようになることをめがけるペスタロッチの基本的な姿勢を見いだすことができる。ルソーは18世紀のパリの上流階級の子弟に行われていた見せかけの虚栄心や競争心を満たす教育に対する違和感や，その土台にある文明社会の疎外に対する批評意識が根底にあったし，ペスタロッチは革命と動乱の広がるヨーロッパ社会の底辺で，文化からも教育か

らも排除されてき子どもたちをエンパワーしうる教育実践こそが真の社会変革を可能にするというヴィジョンを形成していた。教育実践を構成するそれらの基本的な視点が，どういう社会状況と向かい合ったどのような精神によって提起されたものなのかに思いをはせることも重要なことだろう。

　近代教育学のなかでもっともメソッドらしいメソッドを確立したのはヘルバルトだといえる。ヘルバルトは，教育のための秩序を整える「管理」を教育以前の前提条件をつくるいとなみと見なしたうえで，教育本来のいとなみを，子どもの人格形成に知育をとおして間接的に関与する「教授」と，対人的な応対のなかで直接的に関与する「訓練」からなるものとして構想した。「教授なき教育も教育なき教授も認めない」という彼の言葉は，人格形成を目的とする教育のなかに知的探究としての教授を位置づけようとする彼の姿勢を端的に示している。「教授」とはいわば教科の授業にあたるものだ。そこでの学びが個々ばらばらな知識や技能の習得でしかないかぎり，それが人格形成につながるとはかぎらない。教授が人格形成に関与するとすれば，それは学び手のなかに多方面の興味の連関が生まれるなかで，そこに自然や人間をとらえる「思想界」が形成されることによってだとヘルバルトは考えた。ヘルバルトの教育方法として知られ，現在の一斉授業の原型とされる「明瞭・連合・系統・方法」の四段階教授は，もともとは，学び手が一つひとつの学びの単位を明瞭にし，それを他の学びの単位と「連合」させるなかで，両者のあいだに共通の意味を見いだす「系統」が生まれ，その意味をとおして現実をとらえ直してゆく「方法」を形成する過程を意味していた。それぞれの教科の授業は，それらが互いにつながるなかで，その子ども自身の自然や社会に対する見方を形成するとき，はじめてその子どもの人格形成に寄与するものになる。ヘルバルトのメソッドに学ぶということは，たとえばそういう子どものなかの知的な意味連関の形成という視点から，自分たちの教育実践の在り方を問い直してゆくことなのだといえる。ヘルバルト自身が家庭教師をした上流階級の子弟は，ヘルバルトひとりの人格的な対峙だけではなかなか変わらなかった。しかし，ホメロスのオデュッセイアを読みながら，そこに登場するさまざまな人間の姿に対する共感を一

つひとつつないでゆく見方を形成するなかで，その子どもたちの人格形成にかかわる深い学びがもたらされた。その経験がヘルバルトの教育学のひとつの原点をなしている。そうだとすれば，私たちは，そこから一斉授業の形骸化された様式を学ぶだけではなく，教師一個の人格的応対だけでは果たせないものを，さまざまな文化や他者と出会う授業をとおして実現しようとするような，ひとつの教育実践の姿勢をそこから学ぶこともできるはずだ。

18世紀のヨーロッパに生まれたルソーやペスタロッチやヘルバルトが，近代学校教育の諸制度が普及する以前の教育学者であるのに対して，19世紀のアメリカに生まれたデューイ（Dewey, J., 1859-1952）はすでに公教育の諸制度が形成されてきた社会のなかの教育学者である。ヘルバルトの教育方法がヘルバルト派のライン（Rein, W., 1847-1929）によって学校教育のなかに導入されるなかで，「予備・提示・比較・総括・応用」の五段階からなる一斉授業の原型を示すもののように見なされてきたように，デューイの教育方法は，キルパトリック（Kilpatrick, W. H., 1871-1965）が「プロジェクト・メソッド」のなかで「目的・計画・遂行・評価」の四段階からなる活動過程を定式化することによって，しばしば子ども中心の問題解決学習の原型を示すものと見なされている。しかし，それらはいずれもメソッドとしての教育方法をノウハウ的な教育活動の定型に切り詰めてとらえるものであって，実際に，デューイのテキストのなかに私たちが見いだす教育実践の構成原理は，それとは次元の異なる意味連関の奥行きがある。デューイは，子どもたちの自発的な探求と対話的な協働からなる活動を学校教育のなかに位置づけたが，それは同時に学校という小さな社会をより大きな社会の多様な文化的いとなみとつなぐなかで，学校を知識や技能の伝達普及の場から，多様な諸文化の交わる公共圏として位置づけ直す意味を帯びていた。そのためには，子どもの現在の活動や経験のなかでうごめいているもののなかに，さまざまな人間の文化的・社会的ないとなみとつながるどんな可能性があるのかを見いだすような共感的理解が重要であり，それを深めてゆくためには教師自身のたえざる経験の再構成が必要になる。デューイの教育学のなかに私たちが見いだすことができるのは，たんなる問題解決学習の活動の

定型を越えた，そのような教育実践の諸契機のあいだの内的な意味連関を構成する視点である。

　以上のようなノウハウとしての教育方法とメソッドとしての教育方法は，あくまでも文字で書かれた情報や理論のなかで一般化された教育方法であるのに対して，スタイルとしての教育方法やカルチャーとしての教育方法は，ひとりの教師の実践やひとつの学校の実践のなかに息づく生きた教育方法の次元である。教育方法の実践的探求をするためには，情報や理論のなかにその手がかりを見いだすだけではなく，具体的な教育実践のリアリティに直にふれ，それをとおして自分（たち）の教育実践の在り方を見つめ直すことがきわめて重要な意味をもっている。現実の生きた教育実践は，つねに具体的な状況や特定の文脈や固有の他者たちとのあいだで織りなされている。ノウハウとしての教育方法の汎用性やメソッドとしての教育方法の一般性は，いわばそれらを捨象することによって成り立っている。しかし，そのことによって私たちは，教育実践に不可欠の重要な半面を見失うことになる。それに対して，教師のスタイルとしての教育方法や学校のカルチャーとしての教育方法に直にふれるとき，そこに私たちは，具体的な状況の特定の文脈において固有の顔と声をもつ子どもたちといかに実践が織りなされているかを見いだすことができる。

3　スタイルとしての教育方法

　教師が，自己の教育方法を形成してゆくうえで，最も重要な契機のひとつになるのは，自分が惹かれる他の教師のスタイルとしての教育方法にふれることにある。その教師がそれぞれの場面に示す表現や活動や思考や関係の仕方にふれ，それらのあいだにある意味連関を見いだすと同時に，自分自身のそれまでの教育の在り方を問い直し，新たな仕方を試みてゆくこと。教師の成長にとって，そういう先輩教師との出会いや，その意味の問い直しがもつ意味は計り知れない。

　自分が惹かれる教師の実践に出会っても，はじめのうちそこに見いだされるのはわかりやすい個々の手法や技法だろう。それらを見よう見まねで自分の教

室で試みることにも意味はある。それによって，ときにはこれまでとはちがうなにかが生まれる手応えを感じることもあるだろうが，多くの場合はその教師の実践に遠くおよばないもどかしさを味わうことになるだろう。そのもどかしさを越えるためには，個々の断片的なノウハウとしての教育方法から一連の意味連関をそなえたスタイルとしての教育方法の次元に迫ってゆく必要があるし，その教師が現在のようなスタイルを練り上げてくるまでもライフヒストリーに耳を傾けることも意味をもつ。

4　カルチャーとしての教育方法

　カルチャーとしての教育方法は，ひとつの学校やその学校を拠点としたネットワークのなかに見いだされる教育方法の次元である。「文化（カルチャー）」という言葉は多様な意味合いをもつが，そのもっとも基本的なかたちは人びとのあいだになんらかのものの見方や考え方が共有されることにある。それぞれの地域のなかに存在する伝統的な拠点校のなかには，その意味でのカルチャーとしての教育方法を持続的に練り上げ直してきた学校がある。たとえば，ある拠点校は，子どもたちを暮らしをつくる主体と見なし，それぞれの子どもが示す追求の姿のなかにその子どもの自己形成の葛藤や願望を見いだそうとすることを軸にして，教育実践のあらゆる局面の具体的な仕方を編み直すようなカルチャーとしての教育方法を多年にわたって再形成しつづけてきている。課題の提示の後に個別の追求と相互の学び合いを繰り返すその学校の学習活動の様式は，それぞれの子どもが自分なりの追求を仲間と交流するなかで自己を再形成してゆくプロセスを保障している。数人の子どものそれぞれの追求のプロセスとこれからの見通しが具体的な文脈とともに記述された授業案の様式や，教室の出来事に即してそれぞれの子どもの学びの意味を語り合う授業の協議会の様式は，教師たちが子どもの学びに向けるまなざしを鍛え合う意味をもっている。そして，学校を基盤としたその実践研究の報告書のなかには，それぞれの教室の子どもたちが織りなした学びのプロセスが具体的な文脈や出来事とともに記された記述を土台にして，そこに教師がどんな意味の問い直しを行ってきたか

が示されている。

　そのように，教育実践の諸局面を織りなす具体的な仕方のあいだの意味連関が，学校を基盤とした教師たちの共同研究の積み重ねのなかで編み直されてゆくとき，そこにその学校のカルチャーとしての教育方法の土壌が形成されることになる。もちろん，そのような学校を基盤としたカルチャーとしての教育方法は，その都度の時代や社会の支配的傾向とのあいだの緊張関係のなかでつねに変容しつづけるものだし，そこに参加する一人ひとりの教師のスタイルに応じて多様な変位を示すものでもある。また，そのような地域の拠点校がもつ諸条件を欠く一般の公立学校では，カルチャーとしての教育方法を練り上げつづけることはむずかしい。ある期間，それを練り上げたとしても，急激な人事異動のなかでその跡形さえ失われてしまうこともけっしてまれなことではないからだ。にもかかわらず，教育方法の実践的探求者たちが，それぞれの学校を拠点としたカルチャーとしての教育方法の形成をめがけることには重要な意味がある。教育は，ひとをつくる技術ではなく，人が人と学び育つ場を編み直す実践であり，一つひとつの教室の教育実践の在り方は教師たちが互いのものの見方や考え方を問い直し編み直し合う共同探求をそのもっとも重要な基盤にしているからだ。たとえ，その学校に練り上げられたカルチャーとしての教育方法そのものは消失したとしても，そこに参与した人びとのからだのなかにその文化は息づいているものだし，その人たちが赴く新たな学校でその文化の再形成が試みられるかぎり，カルチャーとしての教育方法の探究が途絶えることはないからだ。

　スタイルとしての教育方法やカルチャーとしての教育方法は，基本的にはその教師や学校の実践のリアリティに直にふれることができる者しか学びえないという点で，そのコミュニケーションの範囲はきわめて限定されている。しかし，そこでの教師や学校の実践に直にふれることができないかぎり，そこから学ぶ回路が完全に閉ざされるとはかぎらない。そうした教師や学校が，具体的な状況のなかの特定の文脈や固有の子どもたちとのあいだに織りなした教育実践の出来事や意味を記述するかぎり，私たちはそれらの「厚い記述 (thick description)」のなかに，現実の教育実践のなかに息づく教育方法のゆたかな意味連関を見いだしてゆくことができるからだ。そのような教育実践の記述の様式やそれに基づく教育方法学の研究の様式を探ることもまた，教育方法の探究の重要な契機をなしている。

　この第1章では，教育方法の探求をするということの基本的な意味を見つめ直してきた。そのなかでこころがけたのは，初心者に有用な知識をやさしくてほどきをすることというより，むしろ，いつの間にか人びとが内面化しがちな既成の教育方法観を問い返すことにあった。あれこれの「答え」ではなく，自らの問いを他者とともに深める道を歩み出すこと。これを読むなかで，いわば，みなさんが教育方法を探求するということのゼロ点に立ち帰ることができたとすれば，それ以上に価値ある読みを望むことはできない。　　　　【岩川　直樹】

考えてみよう
1. 教育実践を構成する具体的な仕方のなかで，あなたがいま関心をもっているものはなにか。そこには既存の仕方以外にどんな仕方があり，それぞれの仕方がもつ「意味＝方向」にはどんなちがいがあるか。
2. 教育実践を構成する他の具体的な仕方のなかで，1であげたものと関連するものはなにか。両者のあいだにはどんな意味連関があり，そこであなたが大切にしようとしているものはなにのか。

参考文献
アリストテレス『ニコマコス倫理学』岩波文庫，1971年
ルソー『エミール』岩波文庫，1962年
ペスタロッチ『隠者の夕暮れ・シュタンツだより』岩波文庫，1993年
ヘルバルト『一般教育学』明治図書，1978年
デューイ『民主主義と教育』岩波文庫，1975年

第2章 からだから見た教育方法

1 教師が子どものからだを見るということ

1 主体としてのからだ──「からだは，つねに語っている」

　6年生の拓真くんは，教室の窓側の席で上半身を窓の方に傾けて座っている。その姿は教室の仲間と距離を取っているかのようにも見える。その一方で，授業中，教師やほかの子どもたちの発言によく反応している。その両義的な姿が気になってよく見ていると，顔だけは教室の内側に入り込もうと，あごで顔を支えているように見て取れる。授業後，拓真くんのそのような姿勢について担任教師に話をすると，拓真くんは，思ったことを憚らずにすぐ口にしてしまうことがよくあるために，これまで本人にそのつもりがなくても相手を傷つけてしまうことが度々あって，仲間から嫌がられ，教室での存在が危うくなっているようだと拓真くんのいきさつを語ってくれた。この拓真くんのいきさつをふまえれば，上半身を教室の外側に投げ出しながらも，顔だけ教室に入れようとあごで支えている拓真くんの現在の姿勢は，教室の仲間との関係性から完全に閉ざそうとしているのではなく，少し身を引きながらも，もう一度，かれなりの仕方で自分を支えて教室に存在しようとしている身構えとしてとらえ直されてくる。そこには，拓真くんの主体としてのからだがある。

　デカルト以降の心身二元論を批判し，「生きられた身体」の回復を探求したフランスの哲学者メルロ＝ポンティ（Merleau-Ponty, M.）は，客体にも主体にもなりうる「身体の両義性」を指摘した。からだは，意識によって動かし動かされる客体であると同時に，意識以前にからだとして世界へ向かう主体でもある両義的な存在であるというのである。

私たちは，意識して自分の右手を自分の左手で掴むことができる。また，他人から出された指示に従って自分のからだを動かすことができる。これらは，からだが精神の操作対象となっている点で共通している。「手を出す」ということばはそれをよく表している。いわば，精神によって動かされる客体としてのからだである。私たちは近代以降，この心身二元論的思考になじんできている。それに対して，からだが，意識以前にアクションを起こすことがある。道路に飛び出した子どもを見て，思わずからだがその子どもを助けようと動いている。「手が出る」のように，何かを見た瞬間に気づかぬうちに手が出ている。これらは，からだが，からだとして，世界に向かって行為する主体として存在することを示している。

　人間のからだとことばの回復を探求した演出家竹内敏晴は，メルロ＝ポンティのいう主体としてのからだに着目し，これを「からだは，つねに語っている」と呼んだ。

　スイスの精神医学者ビンスワンガー（Binswanger, L.）は，結婚を反対されたことがきっかけで，呼吸困難になるほど激しいしゃっくりに苦しんでいる若い女性の姿を見て，世界を受け入れることができない「呑み込めない」しるしととらえた。また，竹内敏晴は，「自閉」と診断された子どもたちの多くが，世界に対して閉ざしているのではなく，あなたとは話したくないと，全身で訴えているのだといった。「自閉」とは，症状に対して外側から基準を当てはめた名づけに過ぎず，一見，自閉と見えるからだが，ことば以前に語っていることを指摘した。「からだはいつも呼びかけている。人は生活のなかで，自分で気づかずに，さまざまなしぐさによって，自分のいる状況と自分の生きようと欲する方向のしるしを現している」[1]。私たちは，ことばが沈黙するときしないときにかかわらず，つねに，すでに，からだが，からだとして，当人も無意識のうちに存在の仕方を顕わにして働きかけている。身振り，姿勢，表情，息づかいというかたちでつねにからだは世界に現れているのだ。

2 教師が子どものからだを見るということ
(1) 子どもの身になる

　教師が子どもの主体としてのからだを見るとはいかなることだろう。

　小学2年生のハルトはしばしば「うー」と唸ってキレる。幼稚園のころから教室で突然キレては数々の暴力をふるってきた。そうした粗暴なふるまいのために，元担任教師から医師の診察を促され，ハルトはなんらかの軽度発達障害の診断を受けてもいる。周りの子どもや保護者からも，「ハルトちゃんはビョーキだから」「あの子さえいなければ教室も落ち着いてくれるのに」というまなざしで見られている。数年後，ハルトを担任したある教師は，ハルトがキレる前にかならずしている「うー」と唸る姿勢に立ち止まった。両手を力一杯ギュウーッと握り，首と肩に相当の力を入れて，胸から喉のあたりで「うー」と唸る姿勢。その教師は何度もハルトの姿勢をまねしてみては，その子の身になって，ハルトの「うー」が何を意味しているのかを探った。一見，端から見ればキレているように見て取れるハルトのこの姿勢は，身になってみると，内からわき上がってくる力を必死で押さえ込もうとしているように感じとれる。なにかをこらえているようにも見て取れる。そういえば，前年度ハルトがふてくされた表情で，職員室で計算や漢字プリントをやらされていた姿が思い出されてくるとその教師は語る。教室で暴れるたびに職員室へ連れ出されていたことが，ハルトにとっては理不尽だったということだろう。ハルトのからだにはこれまでの怒りもうずまいているようだ。ある日ハルトが教室で「うー」と唸ったとき，周りの子どもがハルトがキレる前触れと身構えるなかで，その教師は「ハルト，よくがまんしたね」と声をかけた。ハルトは泣いた。ハルトの「うー」には，周りから，いつもキレる子どもとして見られていることに対する悔しさや，ここでキレてはいけないという忍耐や，自分だけが悪いわけではないという抵抗や，いろいろな思いを抱えている自分を誰も認めてくれない苦しさ…等々をいっぱい感じているというかれの主体としてのからだが現れているのではないか。

　たいていの場合，ハルトを見ていて軽度発達障害と診断されているといわれ

れば，それに応じた対応をとるだろうが，この教師はそこで思考停止しなかった。ハルトに関心を寄せていき，かれのからだに見入り，そのからだに沿って動きをたどり，正確には「まねる」というより，子どもの「身になる」ことによって子どものからだの志向性をとらえていった。

ここでいう「身になる」は，他者に感情移入することとは違っている。感情移入は他者に自己の感情を投影するのであるのに対して，「身になる」は，まず，相手のからだの志向性を自己のからだに迎え入れることを出発点としているからだ。自分が迎え入れた相手のからだの志向性を，自分のからだで生きてみることなのである。

メルロ＝ポンティは，ひとがひとを見るという他者知覚について以下のようにいっている。「わたしの志向が他者の身体に移され，他者の志向がわたしの身体に移されるということこそが，…他者知覚というものを可能にする」。「わたしは，自分がただ見ているにすぎないその行為を，いわば離れたところから生き，それをわたしの行為とし，それを自分で行い，また理解するのです」(2)。彼はこのような他者知覚の基盤にあるからだとからだの響き合いを「間身体性」とか「身体的間主観性」といった。間身体性を基盤とした他者の身になるという見方は，客観的な観察やデータの分析とも異なっている。竹内は以下のようにいう。「ひとがひとを「見る」ということは，「見る主体」のわたしが，あなたの前に姿を現すこと，見られるものが見るのであり，そのまま見るものが見られることだ。言いかえれば，あなたと呼びかけたとき「わたし」が生まれ，ふり向いたとき「あなた」が現れる。そして，「あなた」のからだの内に動こうとしている身動きは，向かいあっていわば「対」になっている「わたし」のからだへ，移ってくる。「体位が受胎される」のだ。これが，からだ全体で「見る」ということ，相手を受け取る，感じるということだ。「あなた」を「わたし」と別の一つの客体として観察して，データを分析統合する行為は，人間としてのとは別の行為ではなかろうか」(3)。

教室にいると，教師が子どもに向かう深い集中に圧倒されることがある。ある種の教師のからだは子どもが生きている次元にまっすぐ向かっている。教育

の世界では子どもを「見取る」ということばが古くから使われている。本来，教師の主体としてのからだが子どもの主体としてのからだを「見て」自分のからだに移ってくる相手のからだを受け「取る」という働きがあったはずだ。そこには，子どもを自分と切り離して観察し評価する対象物として見るのではない，相手と共振し，子どもの身になる生々しい直な教師のからだが存在している。

(2) 子どもの現在の姿にこれまでとこれからを見る

　教育とは，長いスパンのなかで，世界や他者に対する子どものからだの変容のプロセスを支えてゆくいとなみである。現在の子どものからだとことばには，その子どものこれまでの経緯とこれからの可能性が表出している。デューイ (Dewey, J.) は，「あらゆる経験は，以前の過ぎ去った経験から何らかのものを受けとると同時に，その後にやってくる経験の質を何らかの仕方で修正する」という。教育とは，そのような「経験の再構成」を支えるいとなみであり，そのためには，その子どもの現在のからだにうごめきつつあるものをとらえる教師の「共感的理解」が重要な意味をもつという。

　子どもの主体としてのからだ（存在の仕方）は，姿勢ばかりではなく，作文や日記，絵や作品にも表われ出ている。教師は，ひとりの子どもの作品に対しても，以下のような共感的なまなざしを向けて，その子どもの葛藤や願望をとらえようとするものである。

　6年生の百瀬さんは，一度もみずから挙手して発表したことがなかった子どもである。5年生の時は，「もう少しで発表できそうだ」と自分で言いつつも，自分から手を挙げることはなかった。

　そんな百瀬さんが，図画工作科の授業で「心の窓」という題の作品を作った。紙を，なにかを覆うようにトンネルにし，トンネルの上には大きな鶴が羽を広げている。トンネルのなかには花が開いており，その花の真ん中には小さな小さな鶴がいる。トンネルの側面には窓が開かれている。そこから，花の上にいる小さな小さな鶴が見える，作品だ。担任は百瀬さんのその作品を以下のように見ている。「覆いのなかにある花のなかにいる小さな小さな鶴はいまの自分で，

いま飛び立とうとしている自分を表しているようである。そして覆いには窓が開かれている。覆いの上にある大きな鶴は将来の自分であると言う。百瀬さんが自分を輝かせて飛び立つ日は近そうである」。ついに百瀬さんが自分から手を挙げて発表したのは，飼育委員会の委員長に立候補したときだった。百瀬さんは，多数のひとを前にして，5年の夏休みに一日も欠かさず動物の世話に来ていた自分の熱意を，手に飼育日記帳を握りしめながら，語ったという。百瀬さんは，2年生の頃から教室で飼っているカメをずっと世話してきている。そんな百瀬さんの熱心な姿がクラスメイトに認められるなか，百瀬さんがはじめてみんなの前に自分を顕わにしていった[4]。

子どものからだにうごめく葛藤や願望を長いスパンで見守る教師の共感的なまなざしに支えられるなかで，子どもは世界や他者に対する自己のからだを変容させてゆく。

2 子どものからだとことば

1 コミュニケーションの重層性を生きている

人間のコミュニケーションには，からだから切り離された記号化されたコトバのやりとりばかりではなく，からだのうごめきと地続きとなったことばで行われるものがある。コミュニケーションにはいくつかの層がある。

情報伝達のためのことばの相互作用の層。からだから切り離されことばの意味内容にとらわれた，記号化されたコトバを巧みに操る次元。

いままさに生まれ出てくることばの層。からだがふれた体験を感じわけ，ことばで分節化してゆく次元。からだのうごめきを大切にすることばである。ことばにすることによって，わたしのからだから体験を距離化し，それによって，わたしはその体験を眺めることができる。だが，からだから分節化されたことばもまた，やがて複雑な言語体系に回収されてしまう危険性を孕んでいる。

他者への呼びかけとしてのことばの層。泣き声や叫びやうめきや息づかいのように，ことばとしては未分化であっても，他者へ働きかけているからだとしてのことばの次元。

竹内は，これらを上から順に，表層，中層，下層と呼び，これらの重層性を行き来しようとするなかに，人間としての自立の足場があるという。「下層にあるからだを保ちつつ，表層の言語の最も精緻な最も高い達成を探り習熟ししかと遊ぶこと，この二重の世界を同時に生きることが，人間である」[5]。表層から下層へ下降し，そこで回復したアクションするからだとことばを保ちながら，表層の言語を問い直し，あらたに表層の言語を編み直すこと。それが，人間のことばにとって重要だというのである。

　だが，いま「コミュニケーション」や「ことば」といえば，中層や下層の生きていることばが排除された情報伝達のためのことばのみを指すようになってきている。わたしたちは，あらゆる場面において，からだのうごめきから切り離された記号化された言語を巧みに用いることになじみきり，相手に働きかけることばの機能があることを見失ってもいる。わたしたちは，他者に呼びかけるためにことばを用いているとは限らない。「コミュニケーション能力（コミュ力）」ということばの浸透は，他者へ呼びかけることばへの関心を促すものではなく，情報伝達を効率よく行ってゆくための紋切り型の話形を習得するものになってしまっている。そのひとのことばに他者へ働きかけるからだがなくても，情報伝達のためのことばが機能していれば，コミュニケーション能力は高いと見なされ，反対に，情報伝達のためのことばこそ身につけていないが，めいっぱいからだから働きかけていることばは，むしろ，コミュニケーション能力が低いと見なされる。このような状況のなかで，からだから切り離された記号としてのコトバを巧みに用いることに従事していると，からだが語ってくることばに無感覚になってくる。コミュニケーション行為において大切なはずの，話し手が相手へ呼びかける姿も，聴き手が相手に関心を向けてゆく姿も，見えなくなってしまう。教室には，紋切り型の話形は守っているが誰にも呼びかけていない姿と，情報は摂取しているが相手のからだに応答することのない子どもの姿が生まれてゆく。

　学校教育でのコミュニケーションが，情報伝達のためのことばの習得のみに収斂するのではなく，からだとつながる生きたことばの層を見直すことが重要

な意味を帯びている。

2　子どもの「攻撃性」のとらえ直し──からだとことばの下層から中層へ

　一見，「攻撃性」と見える子どもの姿を，他者への呼びかけや働きかけとしてとらえることで，教師と子どものあいだにコミュニケーションが成立してゆくことがある。それは，教師と子どもがからだとことばの下層の次元で出会うことを意味している。

　近年，教室で「ぶっ殺す」「死ね」「バカ」…と暴言を吐く子どもの姿が頻繁に見られるようになっている。情報伝達のためのことばの上層から見れば，そうした暴言は他者に対する攻撃性と見なされるものでしかない。しかし，そこにからだから働きかけている子どもの姿があるととらえ直すとき，その子どもがその都度の暴言によってなにを呼びかけているのかを探りはじめることになる。

　ほとんど「ぶっ殺すぞぉ〜」ということばしか発することのない子どもがいる。朝のあいさつも「ぶっ殺すぞぉ〜」，うれしいときも「ぶっ殺すぞぉ〜」……。そのことばを赤ちゃんの泣き声のようなものだととらえる教師たちがいる。赤ちゃんは母親に向かって泣くことで，「おっぱいほしいよ〜」とか「おしめが気もち悪いよ〜」と呼んでいる。ことばが未分化だから，泣くことでなにかを働きかけてくる。ことばにできないから泣いているのであって，「おっぱいがほしい」とことばにできるのなら，泣く必要はない。また，母親に向かって泣いているとき，赤ちゃんは「おっぱいがほしい」という意識はないかもしれない。赤ちゃんがからだごと呼びかけていることの意味を母親が聞き分けることをとおして，赤ちゃんのなかの感情やことばが分化してゆく。そこに人間のことばが成り立つ。攻撃的なことばばかりを連発する子どもは，いわばそのようなことばの未分化な状態にある。

　そうした子どもに，ただ「攻撃的」なことばを言わせないようにしようとするだけの指導は，からだから働きかけてくることばに蓋をすることになりかねない。他者に呼びかけている唯一の「泣き声」を言わなくさせれば，今度は手が出て足が出てくるようになるかもしれない。しかし，教室のなかで「ぶっ殺

すぞぉ～」と暴言を吐く子どもに，その「ぶっ殺すぞぉ～」は「○○って意味？」と応答する教師がいる。そういう教師の姿を見ている子どもたちも，同じようにその子どものその都度の「ぶっ殺すぞぉ～」の意味を聞き返すようになる。それによって，教室のなかに，その子どもの「ぶっ殺すぞぉ～」を多様な仕方で翻訳する関係が生まれる。

　ことばの未分化な子どもの背景には，しばしば，社会のなかで孤立しながら子育てに苦悩する家庭が存在している。子どもの「攻撃的」なことばをその子ども個人の問題や家庭の問題に還元するのではなく，その「攻撃性」を他者に対するその子どものからだからの呼びかけとして受けとめることによって，教室という場に子どもたちのからだとことばを編み直してゆくことが可能になる。

　竹内は，外へ自覚的に働きかける行為を「表現」とし，自分がほとんど無意識で行った行為を「表出」としている。他者へ働きかけてゆく表現が成り立つには，教師や大人が相手の無意識の表出を見ることが出発点になる。表出は複雑で多種多様である。それは，外側の基準や思惑から見るのでは見えない生きたからだなのである。だが，教師や大人が子どもの無意識の表出をとらえるとき，その子どもは安心してそれを拡大してゆくことができる。表出を無意識のまま差し出し，それを受け入れられる関係のなかで，やがて，子どもはその無意識の表出に気づいてゆくことがある。そのとき，子どもは，無意識の表出をとらえてくれた者のまなざしでもって，自分の姿を認識することができる。さらに，そのことを他者に手渡そうとする表現が成り立ってゆく。そこでは，自分の内でうごめいているなにかを自覚しているから，たとえ，相手からなにを言っているのかよくわからないと言われたとしても，内に閉じこもる必要もなく，他人の目を気にすることもなく，他者にどのようにしてゆけばわかってもらえるかという自立した努力をしてゆける。表出から表現への出発までのそのプロセスを支えることが，からだから見た教育方法の重要な契機になる。

3　子どもの「ことば」の二重傾聴──からだとことばの表層から中層へ

　表層の次元のことばを話し，他者とのコミュニケーションにかんして問題な

いと見える子どもの姿の底に，自分の思いをことばにできていない実感をため込まれていることがある．

ナラティヴ・セラピーを提唱したセラピスト，ホワイト（White, M.）は，無能感や欠損感を過剰に感受する「個人的失敗感覚」が日常生活のなかに浸透し，わたしたちは「失敗した子ども」「失敗した親」「失敗した教師」「失敗したセラピスト」のように自己自身をたやすく「失敗者」や「欠損者」として意味づけてしまいがちになってきていると指摘する．そのような状況のなかでは，セラピーを訪ねてくる人たちの口を突いて出てくるネガティヴな声をたんに聴くばかりではなく，その声の底に埋もれているそのひとの行為主体性を聴く「二重傾聴（doubly listening）」がセラピストには必要だ，とホワイトはいう．セラピーを訪ねてくるひとたちが語る声や姿に，まだ自覚的な声としては表れていないが，そのひとが大切にしてきた何かを表出した「サイン」がある．それをセラピストが見取ることによって，そのひとたちは，それまで埋もれていた「わたしである感覚」をとり戻しながら，みずからがからだで味わった体験をゆたかな語り口で語り直してゆこうとするというのである．

このような二重傾聴の姿勢は，子どものからだとことばに向かい合う教師にとっても重要な意味をもっている．「うー」と唸る子どもの姿に「キレる」前兆だけを見るのではなく，その底にあるその子どもの忍耐や抵抗を見ようとすることも，「ぶっ殺す」を連発する子どもの姿に「攻撃性」だけを見るのではなく，からだからの他者への呼びかけを見ようとすることも，二重傾聴の姿勢を示すものだからだ．教師が多層的な受け止め方をすることによって，子どもは，からだから他者に訴える未分化なことばの下層の次元と，からだが感じたことをことばにしてゆく，ことばの中層の次元をつなぐことができるようになってゆく．

教師の二重傾聴の姿勢は，ことばの下層の次元をむき出しにしている子どもたちにとってだけでなく，ことばの表層の次元にとどまる子どもたちにとっても重要な意味をもっている．情報伝達のためのことばを使いこなす「コミュニケーション能力」が重視されるなかで，からだの感触から切り離された記号化

されたコトバを巧みに操る子どもは，しばしば，まわりから「コミュニケーション能力」が高いと見なされていたり，「なんの問題もない子」とみなされたりしている。しかし，そうした子どもたちが，コミュニケーション力を意識すればするほど，からだから切り離された記号化されたコトバを用いることになり，しばしばことばにしきれない「叫び」を自分のなかにしまい込んでしまう。受験勉強のさなか思わずひとりで叫んでいた経験をもつ学生は少なくないし，ひとりの学生がその経験を吐露するのを聴いて，まわりの学生がそれに深く共感する場面が生まれることもまれではない。記号化されたコトバを交換する表層の次元にとどまるということは，一見，効率的に見えたり，楽に見えたりするとしても，それによってからだの疎外が深まるかぎり，自分のなかに空しさや苦しさをためこむものでもあるのだ。そういう子どもたちが，「ぼくががんばればいいんです」，「私がちゃんとすればいいんです」と言うとき，それらのことばの底にあるその子どものもがきを受けとめようとするような教師の二重傾聴的な姿勢が重要な役割を果たすことになる。それによってはじめて，記号化されたコトバの表層から，からだの感触をことば化することばの中層に降り立つことができるからだ。

　わたしたちは，状況や他者との関係性を生きるなかで，その都度何かをからだで感受している。主体としてのからだが生きている事態をことばで伝えるということは，本来，自分にふれ直す作業を必要とする時間のかかるいとなみである。主体としてのからだを見取るということは，目の前の子どものからだが語ることばに立ち止まるだけでなく，子どもが表現している「ことば」に，そのひとの主体としてのからだとのつながりをとらえてゆくということでもある。からだから見た教育方法には，いわゆるコミュニケーション能力のスキルという視点だけではなく，コミュニケーションの重層性という視点が重要になる。教師が，情報伝達のためのことばに対する批判的な問い直しのないまま，子どもたちがスラスラ話すことができるための話し方や聞き方のレッスンを行い，子どものからだが呼びかけている表出を見ていない場合には，子どもが自身のからだを疎外することになると同時に，他者へコミュニケートする行為として

のことばを見失うことになる。からだとことばの表層，中層，下層。それぞれの境遇のなかで，それらの層のどこかに閉じ込められている子どもたちが，それらの層を行き来するようになるとき，新たな仕方で他者に向かって自分を語り直すようになる。そのためには，子どものからだとことばを多層的に受けとめようとする教師自身のからだの在り方が重要な意味をもつことになるのである。

③ 子どものからだと授業

　主体としてのからだという視点から見るとき，学ぶということは，子どもの世界や他者に対するからだが変わることを意味している。

1　専心とその連続のなかでのからだの変容

　生きものとかかわりつづけるなかで，子どものからだが変わることがある。子どもは，傍らに居る大人や教師に自己自身の表出を受け入れられていることを感じながら，からだごと生きものとかかわりつづけるなかで，みずからの存在の仕方を変えてゆこうとするものである。

　牛山榮世という教師は，生きものにかかわる専心とその連続のなかでの子どものからだの変容を，次のような三つの相の移ろいにおいてとらえている。一方的で自分本位なかかわりの相である「～で遊ぶ」，自分と相手とのあいだがわずかながら分化し始めることによって，自分の働きかけが相手にとってどのように成り立つかを無自覚的にも自覚的にもからだで感じながらかかわる「～と遊ぶ」，そうした相手との応答関係を生きるなかで，相手の側から自己自身の働きかけを見つめ直す「～の身になる」。それぞれの境遇のなかで子どもは，それらの相のあいだを行きつ戻りつしながら，新たな仕方で生きものにかかわってゆくようになる。

　たとえば，ガチョウを飼う暮らしを軸とした生活科の授業で，ガチョウと出会ったその日から，ガチョウをその胸に抱こうと，目を皿のようにしてひたすらガチョウを追い回しつづける子どもがいる。周りの子たちがガチョウの世話

をしている最中で，自分本位にかかわるその子どもの姿は，教師からすると，「好ましからざるもの」としてとらえがちである。しかし，その子どもの追いかけ回す姿や日記の記述には，ふざけている様子はまったく見られず，むしろ，ガチョウと仲良くなりたいとかガチョウを胸に抱きたいという一途な思いが見て取れることがある。そうした子どもの姿を見てゆくなかで，教師のまなざしがその子どもを「好ましからざるもの」を見る目から応援する目へと変容してゆく。ある子どもは，教師に見守られるなか，1ヵ月近くひたすらガチョウを追いかけ回しつづけた。ガチョウをついに自分の胸に抱いた時，教師はその子どもといっしょになって喜んだ。その子どもは，えも言われぬ顔をしてしばらく抱いて味わった後，それまで近寄りもしなかった糞にまみれたガチョウの水呑み用の容器を素手できれいに洗った。それを「ぼくはなんであんな汚いガチョウさんのたらいを洗ったのかな」と日記に書き，自分で自分のやったことを不思議がった。その日から，この子どもは，ガチョウとの暮らしばかりではなく，自身の身のまわりへの配慮を変えていった。

　子どもは，ものごとや他者との生活実感が乏しければ乏しいほど，考える以前に，対象にふれてみたい，いじってみたいということ自体に生きようとする。それは，ガチョウと仲良くなりたいという自分本位なかかわりを生ききるなかで，ガチョウに対しからだごとあれこれと働きかけ，その都度ガチョウから働きかけられるという直な体験をからだに蓄えていく時間である。教師は，目の前の子どもが対象とかかわる姿を見守りながら，どのようなことをからだで味わう相であるのかに関心を向けることによって，その子どもにとっての学びの場を保障することができる。子どもは，その都度自身の表出を教師が受け入れていることを感じることで，安心して自分と対象との直な呼応関係をからだにじっくりと味わうことができる。生きものの内を探り，生きものの側から世界を見ようとする時間を存分に味わっている。そうして，存分に自分と生きものとの直な働きかけ－働きかけられる関係性を生ききった子どもは，あるとき，からだ（存在の仕方）を大きく変容させてゆく。

　専心とその連続のなかでみずからからだを変えてゆこうとする姿に，その子

どもにとっての学びの意味を見いだしてゆくことが，からだから見た教育方法の基本的な姿勢をなしている。

2　授業をとおした主体としてのからだへの気づき

　子どもが自己自身の主体としてのからだに気づくとき，子どもはみずからのからだを変えてゆこうとする。生きている子どもは，ほとんど無意識の表出をしているから，教師がその子どもの主体としてのからだを見取ることによって，子どもは自己自身のからだの内の動いているものに気づく。自分の経験の意味が問い直されるなかで，子どもは新たな仕方で自分の存在を他者に手渡そうとする。教室にいる子どもたち一人ひとりが，それぞれの仕方で教材にふれ，仲間と交わる授業において，そうした変容は生起している。

　授業での追求をきっかけにして，子どもが，教室での自分のからだ（存在の仕方）に気づき，自己変革に向けて歩み出すことがある。

　ある小学4年生の社会科でのごみの分別にかんする単元学習。これまでに数回の転校を経験し，友だちができてもすぐに別れをくり返したといういきさつから，教室のなかで自分を発揮させてゆこうとすることに臆病になっていた子どもが，この単元の学習のなかでは，前のめりに学んでいる。以前生活していた自治体やそこに住むかつてのクラスメイトに，ごみ収集の仕方について尋ねる姿があった。それは，何度も転校をくり返してきた自分だからこそできるこの子どもの追求である。教師は，もしも，この子どもが自分の追求を教室でみずから語り出すとすれば，そのときは，これまでネガティヴな経験としてしかとらえられなかった転校へのイメージをみずから塗りかえ，教室のなかに自分を新たな仕方で手渡そうとする自己変革の姿としてとらえてゆきたいと語っていた。授業のなかにも，みずから変えてゆこうとする子どものからだがある。その子どもが無意識のうちにも表出している姿の意味を，教師が見守ってゆくことが，その子どもの気づきを促し，みずからを変えてゆこうとするいとなみを励ますことになる。

　学ぶということは，子どもがみずから世界や他者に対する存在の仕方を変え

てゆこうとすることであり、教師の仕事は、それを見守り、支えることを土台にしている。

4 教師のからだを基盤とした反省的実践家

1 反省的実践家としての教職の専門性

90年代以降、日本の教職の専門性にかんする理論は、教師の専門的力量が、実証科学が形成した一般的な理論を現場に適用する思考様式ではなく、特定的で不確定で価値の対立を孕む複雑な教室の状況のなかで、実践を行い、問い直し、知を再構成してゆく反省的な思考様式に特徴があると見なされてきている。

80年代にショーン（Schön, D.）は、従来の専門家教育における専門家像を批判しながら、それを「技術的熟達者」モデルから「反省的実践家」モデルへ転換することを提起した。従来の実践観では、実践者は、実証主義的な哲学の見地に立った基礎科学や応用科学が形成した体系的で科学的な「技術的合理性」に基づいた理論を実践に適用する「技術的熟達者」と見なされ、基礎科学、応用科学、実践のあいだにヒエラルキーが生じている。それに対して、実践者が直面するのは、特定的で不確定で価値の対立を孕む複雑な状況のなかで起きる予期せぬ諸問題である。実践者の反省的思考には、まず、いつもと違う感じのする事態に対する「驚き」を契機とすることによって、状況に立ち止まり、状況との対話がはじまる「活動のなかでの反省」があるとショーンはいう。また、「反省的実践家」には、「活動のなかでの反省」の過程を事後的にふり返ることで、実践者が自身の実践の再構成を行う「活動にかんする反省」があるという。実践者は、研究を基礎とした一般的な知識や技術を適用するのではなく、その都度状況とのあいだで対話する「活動のなかでの反省」や「活動にかんする反省」を中核にして、これまでの経験で培ってきた自己自身の枠組みを問い直し、状況を改善する知を再構成する反省的思考をとおして、実践者として成長しつづける「反省的実践家」だというのである。ショーンのこのような専門家像は、90年代に日本に紹介され、現在の教職の専門性における一つの中心的な主題となっている。

しかし，教育実践が一般的な手法や技法に包囲され，教師のもつ教育観や学習観や知識観がますます技術主義的なものになってゆく現在の状況のなかで，一人の教師が「反省的実践家」として探求しつづけることはきわめて困難である。そうした状況を生きる教師にとって，「技術的熟達者」モデルから「反省的実践家」モデルへの転換は教師の頭だけで切り替えられるものではないからだ。「技術的熟達者」モデルが浸透する現在の教育状況のただなかで，子どもの方を向いて，子どもとともに状況を生きるなかから，教師の専門的な力量を練り上げている教師たちは，いかなることを契機にして自律的な探求を行っているのかと問うことは教育方法学を探求するうえで重要な課題なのである。

2 教師のからだを基盤とした反省的思考の練り上げ

デューイは，実践的思考の基盤に，状況や他者をからだで感じる「直接的感受性」を位置づけている。「直接的感受性の欠如を補いうるものは何もない。感受性のない人間は冷淡で無関心なものである。人間や行為に対する直接的でほとんど反省以前の味わいが存在しなければ，それにつづく思考のための素材が失われたり歪められたりするだろう。ひとは，熟考への誘いや素材をもつ前に，物の肌理の粗さや細やかさを手で感じるように，行為の質を感じなければならない」(6)。「直接的感受性」や「反省以前の味わい」は，状況や他者に直にふれるからだの次元を意味している。デューイのいう実践的思考は，状況や他者に直にふれ，それを味わうからだを基盤としているのだといえる。実践的思考は，からだがじかに感じている味わいから出発することが大切であり，その出発点が違えば，その後の思考のプロセスも異なってくるというのである。

教師が子どもの姿にどのように感じるからだであるかが，その教師の反省的思考の基盤をかたちづくる。教師が，子どもの姿を見て，外側からなんらかの基準を当てはめ，「○○力」のある／なしでとらえるのか，それとも，その子どもが生きる具体的ないきさつやかかわりから葛藤や願望をとらえるのかによって，教師の反省的思考の様式も異なってくるし，実践の方向性も異なってくるということになる。「反省的実践家」としての教師の実践的思考の様式の土

台には，状況や他者の行為の質にじかにふれるからだがあり，教師の子どもに対する感じ方や見方が変わることが教師の教育観を練り上げる反省的思考の重要な契機になっている。

3 からだが感じた味わいに立ち止まることによる子どもの見方の問い直し

ノディングス (Noddings, N.) のケアリング論においては，子どもに対する教師の感じ方や見方の変容過程が重要な意味をもっている。ノディングスは，ケアリングを，ケアする者の一方的な行為としてではなく，ケアする者とケアされる者との間に生起するケアし－ケアされる関係の成立として定義する。ケアリング関係が成立するとき，ケアする者は，ケアされる者に関心を寄せる「専心没頭」から，やがて，ケアされる者の身になって相手の必要の充足や願望の実現をともにめがけようとする「動機の転移」への発展があるという。「専心没頭」と「動機の転移」には子どもに対するからだの向け直しがある。

机の上には鉛筆が置きっ放し，椅子は出しっ放し…で「〇〇しっ放しの遼くん」という子どもがいた。それまで，その子どものことを無頓着と見ていた教師が，一つの出来事に立ち止まることをとおして，その子どもに対する見方を転換してゆく。「給食の時間中，自分のお盆のなかに牛乳をたくさんこぼされた遼くんが，怒らずに笑っていたこと」が話題となったとき，「遼くんなら怒らないでしょう」という発言がつづいた後，「給食のお盆が牛乳の海みたいになって，楽しかったのではないか」という発言があった。それを聴いた遼くんが，「実は，こぼれた牛乳を拭き取ろうとして，ティッシュペーパーを牛乳の上に入れたとき，牛乳がティッシュペーパーの上にあがっていくのが楽しかった」と語った。その出来事にふれたとき，これまでの自分の見方とは異なる遼くんの姿に気づき，それをとおして，これまでのさまざまな場面における遼くんの姿や行為が見つめ直されてゆく。「無頓着なのではなく，自分が気になることに集中し，彼らしい心の動かし方で楽しんでいたのである」。「そう考えると，何枚も社会科のノートを書いた仲間に「よくがんばったね」と自然につぶやいた彼の姿が，彼らしさとして見えてくる」[7]。

ここには，子どもに対する教師のからだの向け直しが起点となって，教師の子ども観の問い直しが生まれている。教師が目の前の子どものからだを感じ，自分の見方を問い直すことによって，その子どもとともに歩みだそうとするところに，教師のからだを基盤とした反省的思考を見いだすことができるのである。

4 教師のからだを基盤にした教育観の問い直し

教師のからだを基盤にした教師の反省的思考は，ときには，教師自身の教育観やそれを生み出す状況への根本的な問い直しにつながることもある。

小学校の高学年を7年間担任し，8年目にしてはじめて1年生の担任となった牛山榮世は，目の前の子どもの姿に戸惑いと苛立ちを抱えていたと語る。それまでやってきた「教える」ということが足許から崩れていく，そんな感じだったという。自分のいうことが子どもに行き渡らない。それが気になって仕方がないから，制圧してしまう。制圧すれば子どもは動かず，戸惑っていれば好き勝手に動き出す。声をからし，やっとの思いで一日を終える日々。もっと子どもをわかりたい。しかし，子どもの行動は多様で，しかも動いてやまない。それでも，思わずひきこまれるような場面に出くわすと，感動とともに納得できるものがあったという。たとえば，空き箱で車を作って遊ぶ子。その教師が思わずひきこまれた子どもの表情や車を操作する手には，もっと速く，もっと遠くへ，車を走らせたいという願いがあった。そこにはちゃんと，車輪のよじれや車輪の曲がりや車輪と車輪の接合部の固定などといった「走る仕組み」の追求があった。遊びに専心する姿に，その子なりの追求の仕方でまっすぐしたたかに学んでいることを感じずにはおれなかったという。そのなかで，ふと我に返ってたしかに感じられたことは，ことばで子どもを動かそうとする教師と，からだで応えようとしている子どもだったという。

ここでの教師の反省的思考は，一方では，子どもの主体性を制圧してしまうような自身のかかわりに対する戸惑いや苛立ちを感じると同時に，他方では，思わずひきこまれた子どもの姿への感動や納得を味わうからだを起点としている。さらに，熟考のなかで，教師のからだの内側に，いつの間にか，子どもを

規定する枠組みが備わってしまっていたことを意識化し，外側からの基準や思惑で子どもを動かそうと子どもを見えなくさせているのは自己自身の枠にこそあったのではないかと，自身の教育観を問い返していった。

　学校教育という制度の内側で役割を生きるなかで，教師は無意識のうちにあれこれの基準や思惑を内面化し，子どもを動かそうとすることによって子どもが見えなくなってしまう。しかし，そのようななかにあっても，教師はけっして操作対象としてだけではない子どもとの関係性を自身のからだのどこかで味わってもいる。そのように教師のからだは，制度の内側で働くことを担いかつ生きている子どもと共振することを孕んでもいる。子どもの姿に感じる教師自身のからだを大切にしながら，その意味を見つめ直すなかで，一方的に子どもを「教える」ことになじみきった自身のあり方を問い直してゆくこと。そこに，「反省的実践家」としての教職の専門性の探求へ向けた破れ目を見出してゆくことができる。　　　　　　　　　　　　　　　　　　　　　　　【中村　麻由子】

注
（1）竹内敏晴『思想する「からだ」』晶文社，2001年，pp.16-17
（2）メルロ＝ポンティ，M.（滝浦静雄・木田元訳）「幼児の対人関係」『眼と精神』みすず書房，1966年，p.136
（3）竹内敏晴『癒える力』晶文社，1999年，p.166
（4）富山市立堀川小学校『第73回教育研究実践発表会紀要』2002年
（5）竹内敏晴『思想する「からだ」』晶文社，2001年，p.35
（6）Dewey, John, *Ethics*, LW, Vol.7 (Ed. Jo Ann Boydston), Southern Illinois University Press, 1985 (Original worked published 1932), pp.268-269.
（7）富山市立堀川小学校での武島浩の実践による。

考えてみよう
1．「からだを動かす」と「からだが動く」のちがいを，日常生活での具体的な場面をあげながら考えてみよう。
2．他者に向けるまなざしが変わるとはいかなることか。あなたの経験をふまえて考えてみよう。
3．コミュニケーションの層という視点から見たとき，あなたの身のまわりのコミュニケーションはどのようにとらえられるのか考えてみよう。

参考文献

竹内敏晴『教師のためのからだとことば考』筑摩書房，1999年

竹内敏晴『子どものからだとことば』晶文社，1989年

牛山榮世『学びのゆくえ』岩波書店，2001年

メルロ＝ポンティ，M.（中島盛夫訳）『知覚の現象学』法政大学出版局，2009年

デューイ，J.（市村尚久訳）『経験と教育』講談社，2004年

庄司康生「再創造することばの学び─教室におけるアクションと声・声・声」秋田喜代美・石井順治編『ことばの教育と学力』明石書店，2006年

ショーン，D.（柳沢昌一・三輪建二訳）『省察的実践とは何か─プロフェッショナルの行為と思考』鳳書房，2007年

ノディングス，N.（立山善康ほか訳）『ケアリング─倫理と道徳の教育 女性の観点から』晃洋書房，1997年

ホワイト，M.・モーガン，A.（小森康永・奥野光訳）『子どもたちとのナラティブ・セラピー』金剛出版，2007年

第3章 カリキュラム論から見た教育方法

1 カリキュラムの固定的イメージの払拭

　日本における（計画としての）カリキュラムは「学制」以降「領域」論を前提としている。現行の学習指導要領においては，大きく分けて四つの領域（高等学校は3領域）から成り立っている。教科の時間，特別活動の時間，総合的な学習の時間，道徳の時間（小・中学校），これらの「時間」を単位として表現される4領域である。なかでも教科は，国語科・社会科・美術科…という具合にさらに細かく分割されて存在している。そして，これらの細分化された学習領域は，小学校に入学するや「時間割」というかたちで提示され，10年前後にわたって分割された領域を区切られた時間のなかで，部分をつなぎ合わせるように学び進めていくことになる。

　この事情を典型的に示しているのが，「教科外」教育のカリキュラムの自覚化された存在である。教科以外の諸活動を通じて人間形成を行うカリキュラムの領域を教科外カリキュラムと呼ぶ。「教科」と「教科外」，この二つの概念がカリキュラム論にどのように位置づくか考えてみよう。「集合論」の説明をまつまでもなく，この2者でカリキュラムのすべてが覆いつくされることになるはずである。なにしろ，教科と，教科「外」なのだから。実際に，わが国のカリキュラムの基準を示している学習指導要領においても，1951（昭和26）年以降，教科＋教科外（現在では，総合的な学習の時間，特別活動，道徳の時間）で，全授業時数が満たされている。このようにカリキュラムを部分領域の集合と考えると，学校という場において，教科と教科外で「別々に」同時併行させることで，いずれ子どもたちのなかで有機的に統合されていくだろうという楽観的な見通し

の存在が透けて見える。とりわけ，より教科間の「壁」が明確になる中等教育においては，この構想図における「教科外」の位置は，選抜にかかわる圧力も加わって，いつしか「その他」領域として認識されていくことも必然といえる。配当された時間数が物語るのみならず，もともと教科外という名称も，教科との関係でしか（一方的な依存・付随的関係でしか）成り立ちえないことを意味しており，ある意味，宿命的に「その他」として位置づかざるをえないともいえる。このように，区切られたカリキュラムにおいては，人びとに（あるいは学び手である子どもたち自身に）領域間に相対的価値づけをめぐってのある一定の見方を提供することになってしまう。他方で，計画されたカリキュラムの全体構想に，「部分の総和は全体になる」という予定調和的な発想が根づいてしまっている。ジグソーパズルのピースを埋め合わせていくかのように各教科の学習を個々ばらばらに進行させてその延長線上に，学び手本人はおろか教師すらも確認できないような「完成像」が方向目標として想定されているのである。

　しかし，カリキュラムが領域により区切られて構想されているからといって，日々の実践までもが「時間割」として正射影化されて実体化される必然性はない。南フランスのヴァンス（Vence）にエコール・フレネ（Ecole Freinet）という公立小学校がある。フランスもわが国と同様に，国家基準としての，領域論で表現されたカリキュラムが存在し，知の管理は厳しい。フレネ（Freinet, C.）の教育思想を忠実に引き継ぐこの学校においても，教師は 2 カ月に 1 度必ず教育行政に文書でカリキュラムに関して報告を行っている。ある日，高学年の子どもたちが学ぶ教室では，午前中いっぱいをかけて自由作文（texte libre）で，2 週間あったバカンスの出来事を綴っていた。ゆるやかな時間枠に基づいた学びの切り替えはあるものの，個々人が実にさまざまな学びを展開している。2 週間のバカンス経験は個々それぞれだから，学びの内容が多様化するのも当然である。異年齢が同居する複式学級の黒板は子どもたち同士が事項を確認しあったり，スペルを確認しあったり，計算の方法を教えあったりするツールになっている。個々人の学びを各自の計画表に基づいて深めながらも，他者の学びを自分のわかる範囲で支えあえる教室である。突如，ある少年が大型の鳥が校舎

の上を舞うのを見つけると子どもたちと先生はいっせいに窓のところに集まり，いろいろ議論しあう。どこに巣があるのか，何を食べるのか。何人かの子どもは図鑑を広げる。

　突然，「理科」の授業になったとみるのは，領域化にならされた視座がそうさせるのだろう。ここには明確に区切られた領域はなく，ゆるやかに学びが連続・展開している。教師は，国家のカリキュラム基準に照らして，連続的でしかありえない子どもたちの学びを分析して（そこで「区切っ」て）報告をする。カリキュラムが基準として領域で示されることと，日々の教室でのカリキュラム構想が領域化されてしまうこととは実は必然的な関係がないことがわかるだろう。

2　カリキュラムの編成原理をめぐって

1　カリキュラムの編成主体

　現行の学習指導要領においては，計画としてのカリキュラムは国が基準を示し，各学校において編成することと規定されている。カリキュラムの編成主体は古くから各学校であることが確認されていた。しかし，実際には，学校を単位としてカリキュラム開発するということについては，形式以上の自覚的取り組みは残念ながら多くは見受けられない。近年のカリキュラム研究においては学校を基礎においたカリキュラム開発，いわゆる「SBCD (School Based Curriculum Development)」が声高に叫ばれているのもこの間の事情を反映しているといえよう。

　国家・地方政府・学校・教師・教材そのもの……など，人格の有無を別にして，カリキュラムの編成主体として位置づきうるものが歴史的に議論されてきた。そもそもカリキュラムを編成するという行為には，上意下達であれ，民主的・共同的であれ，何らかの価値観や時代精神などを反映させながら，主観的意図や恣意性が介入することは不可避である。もっと素朴な言い方をすれば，カリキュラムの編成は，「こんなことを次世代に伝えたい（あるいは伝えたくない）」という，その編成主体と呼称される人格（非人格）によって選択された「願い」

を記述する行為であるといえる。第二次世界大戦直後のわが国は，誰が編成しても主観性や恣意性が介入してしまうことは不可避であるが，少なくとも戦禍の悲劇を繰り返させないためにも，いわゆる「権力者」がこの編成権を握ることだけには慎重であり，ゆえに，1947（昭和22）年の教育基本法制定や「学習指導要領（試案）」として決意が表明されていたといえる。はたして，その反省に立ったカリキュラム編成をめぐる決意は現在も引き継がれているといえるだろうか。

　他方，現在のわが国において，その「誰か」の思いが明文化され，つまり実体として誰の目にも明らかな具体的なカリキュラムが記述されているかというと，そうではないといわざるをえない。検定制度により「誰か」の取捨選択がなされる教科書ですら，まだカリキュラムを構成する「部分」にすぎない。教育活動は教科書や学習指導要領とは同じ地平で展開しているわけではなく，実際は生身の教師により時には即興的に時には意図的に，生身の子どもの実態や環境に応じて「再描」されているからである。まさにここにカリキュラムを編成するという行為の曖昧さと同時に限界があり，数多くの問題の温床にもなっている。ここでいう問題とは曖昧さを除去しそして明文化されていないことを指すのではなく，たとえば国家基準としてのカリキュラムとそれにまつわる教育行政の関与がどこまでも漸近的に，各教室に入り込み，教師の「再描」を規定する可能性があるということである。

2　カリキュラムの編成原理をめぐる課題

　1890年代から20世紀初頭にかけて，アメリカ合衆国において，カリキュラムの編成原理について非常に重要な検討がなされていた。教材そのものがカリキュラムの支配的概念（controlling idea）として機能しうるという議論が提出され，では，いったいどの教科（教材）が支配的であるのかということに議論が集中していた。たとえば，人類の文明発展史が子どもの発達過程とアナロジーであるととらえられるという「反復説」仮説に基づき，歴史が中心となりカリキュラムの範囲（scope）と排列・順次性（sequence）を自動的に規定しうると考える

開化史段階説 (culture epoch theory) が唱えられたことは有名である。あるいは，地理が中心に，道徳が中心に，自然科学が中心にという具合に，この中心統合法 (concentration) と呼ばれるカリキュラム編成原理をめぐって大論争が行われている最中に，対抗軸として，パーカー (Parker, F.) やデューイ (Dewey, J.) により「子ども」こそが中心統合法原理の「中心」であると提唱されたことは，教育における「コペルニクス的転回」とまで賞賛された。

　カリキュラムの編成の中心的主体は，行政でも教師でも教材でもなく子どもそのものである，というラディカルな提案は「子ども中心主義」として広く普及した。とりわけ，先述した戦後初期においては，わが国においても実践レベルではさまざまな表象があったにせよ，概ねこの思想に基づくカリキュラム作りが流行することになった。

　一方でカリキュラム論争史においては，この子ども中心主義の編成原理は，学問の体系性・系統性を重視する系統主義から，基礎学力低下を懸念する世論に後押しされながら，厳しく批判され 1950 年代後半には衰退し法的拘束力をもった学習指導要領体制に呑み込まれていくという理解が一般的である。しかし，この子どもへの転換という発想自体が，教材（あるいは教師）か子どもかの二者択一から逃れえてはいなかったことが，その理論としての脆弱性を孕んでいたといえる。実践レベルでは，教師や地域の人びとの願いやねらいを包摂しながら，子どもたちが学ぶ実感を得つつ知的認識も深めていくことに成功していた事例は豊かであったのにもかかわらず，教師不在・科学性の欠落などが指摘され，学びのない無目的な体験活動（「はいまわる経験主義」）として括られる側面があったことは否定できない。そればかりか，子どもの学びや経験の主体性を排他的に語れば語るほど，たとえば，教科書も一資料であると積極的に位置づけることで，強制されてくる教育内容に対し，皮肉にも無防備に受容していくことにもなっていた。1990 年代以降，「学び合う共同体」論で，カリキュラムとは子どもの学んだ経験の履歴の総体と一致するというとらえ方で，編成主体とはとらえず経験主体ととらえることで新たな展開を見せているが，教育内容の選択に対する「誰か」の意図に対してはどれほど有効に対抗できてきた

だろうか。

　カリキュラムの編成原理をめぐる史的概略を踏まえたうえで，確認したいことは，その主体が子どもか教師か教材かといった択一的発想を超えて，その学びの文化を共同で創造している当事者たち（子どもや教師，子どもの発達に固有名でかかわる人びと）が織り成すものとして描きなおす必要があるということである。当事者たちにはそれぞれ意図や見通し，そして固有の経験があり，それゆえに，カリキュラムは構想段階でも実践段階でも解釈の段階でもたえず当事者たちの思いが調整された文化的産物として記述されるものとなる。そのためには，日々の実践に対し，当事者による集団的授業研究といった丁寧な実践的研究を積み重ね，理論化していく道筋がよりいっそう拓かれていく必要がある。

3　「制作説」と「過程説」の間のゆれ

　このように，子どもをカリキュラムの経験主体として自覚化し，さらには教師を含む子どもの発達に関係する大人たちもその経験のプロセスに各人が主体的にかかわり教育活動が日々共同的に生成・創造されている，ととらえるカリキュラム観を「過程説」に基づくものであるとしばしば表現される。このカリキュラム観にたてば，カリキュラムは各人の見通しを内包しつつも，取替え不可能な当事者たちにより一回性の出来事として立ち現れてくることになる。そこでの教育評価も，何らかの「標準」や達成すべき目標が提示されチェックされるのではなく，基本的にはその学びのプロセスそのものが多様な人びとの語りとして表現されたり記述されたりすること，あるいは当事者間で確認しあうこととしてとらえられるようになる。ここでの子どもは限りなく定冠詞 'the' でとらえることができる。

　国家が示した規準であるにせよ，教師集団が民主的に構想・修正したねらいであるにせよ，何らかの標準化された，共有化可能な目標が子どもたちに提示され，その達成具合を客観的な指標で測定する。その結果を踏まえて，次なる目標の再設定を行うという一連のサイクル（Plan, Do, See サイクルあるいは Plan, Do, Check, Action サイクル）を概念図にするカリキュラム観が存在する。この立

場はしばしば「制作説」であるととらえられ，PDS サイクルを絶えず反省的に機能させることで，子どもたちの確かで豊かな学力（ひいては発達）を保障することを目指している。しかし，ここでの子どもは不定冠詞 'a' でとらえられ，不特定多数のうちの一人というニュアンスからは逃れがたい。昨今の学力低下論と基礎学力重視の学習指導要領への再転換はこの制作説を背景にした議論であったといえよう。

この両者は必ずしも対立的にとらえられるべきではないが，少なくとも，過程説にたてば，子ども観・教師観あるいは大人・子どもの関係に対する見方，授業観などのラディカルな変容を迫られるし，学校のあり方そのものについてもとらえなおしが要求されることになるであろう。制作説の立場に立ちつつも，ありのままのプロセスを評価（見取り）の対象として自覚化することで，よりきめ細かに子どもたち一人ひとりの学びに寄り添いつつ学力を保障していこうという動きも存在する。ポートフォリオ評価法として取り組まれている方法はその典型である。ラディカルな過程説に立ったとき，改めて，国民の共通教養とは何か，母語教育はどうあるべきか，社会の既存の枠組みとどう接続していけるのか（あるいは生産的に改造していける契機となるのか），などについては当事者たちの「見通し」に楽観的期待を寄せられるのか，また他方で，その当事者たちが創り出す文化としての学校像が結果としてより抑圧的な機能を持ち合わせていくという心配はないのか……，制作説を唱えずとも国民的な合意を得るべき課題は残されている。

カリキュラム論をめぐる課題は，そのカリキュラムがまさに現実化している現場において当事者たちをどのように位置づけて議論できる枠組みを用意するかが喫緊の課題となっているのである。

③ 学校現場において創り出されるカリキュラム

1 ある小学校の校内授業研究において

校内授業研究は，教師たちが中心となって，授業を開きあい，そこで見たものを解釈しあい互いの専門性を磨きあう場となっている。地域によって，ある

いは学校によって，校内授業研究の位置づけはさまざまである。研究ではなく研修として管理職や教務主任・研究主任，教育委員会の指導主事，時には大学の研究者が，ただ講演を行う形式のものもあり，このほうが多いといえる。

そのような一般的現状にあって，筆者が関わった校内研究で非常に印象深い学校がある。神奈川県下の小学校（各学年4クラスの中規模校）で，この学校には非常に多様な人びとが出入りしている。保護者や地域の人びとが積極的に子どもたちの学びに関わっているのみならず，特徴的なのが50人前後の大学生や大学院生たちがスクール・ボランティア（SV）としてかかわっていることである。

学力向上施策の一環として，学生をティーム・ティーチング（TT）のごとく，とりわけ理解の遅い子どもなどに寄り添わせるのが一般的なSVの姿である。時には教師の一斉教授の円滑な遂行のための監視役や，関心・意欲・態度等の個別のチェックリストの「お手伝い」としての関わりが期待されている例もある。だが，この小学校においては，SVが積極的に位置づいている。彼らも経験されるカリキュラムの共同的な主体なのである。教師とは違うモードで教室にいることが，子どもたちの学びにとってきわめて意味があるのだという教師たちの自覚がある。

たとえば，こんな場面があった。6年生で将来のことについて考えることをテーマにした総合学習で，複数の学生が自分の今の夢や将来設計を子どもたちと語り合う。警察官を目指す大学生のMさんに子どもたちは「なれなかったらどうするの？」とたずね，Mさんは「なれなかったら……？ またそのときは考えるよ」。小学生のころに抱いていた夢をあきらめ，いまは何になりたいかは未定のTさんから「優しい人でありたい」という言葉をもらい，理解しようとする子どもたち。6年生の教師たちは，ゲストスピーカーにいわゆるプロを連れてくるのではなく，（実はまだ何にもなってはいない）学生たちにかかわってもらうことにした。そこで6年生の教師たちは，その日の放課後の研究会で，子どもたちは，どうやれば何になれるか，今何をしなければならないか，という準備論や，ありきたりの心構え論をききたいのではなく，挫折の事実や迷いに12歳なりによりそいながら自分のことを考えたいのだ，ということに

気づき交流しあう。同校の教師たちは，6年生の実践とその解釈に立会い，自らの学年や学級に向き合う姿勢を確認する。

　授業を全員の教師で見合い，そこにかかわったSVの学生も時には研究協議に参加するという同校のスタンスは，カリキュラムはまさに当事者たちで創り出されるということを体現している。ベテランの教師の実践を若手の教師もマニュアル的に学ぶというよりは，同じ事象をとらえて同意できる解釈があるということ，同じ専門職として実践を「味わえる」ということに改めて気づかされる。専門家としての教師が，実は違和感なく参加できる形態を小学校の校内研究は示している。校内授業研究は，学校単位でカリキュラムが検討され，つくりかえられ，そして解釈される場所であり，その重要性がいっそう強調される必要がある。

2　当事者性を検討する意義――かくれた（ヒドゥン）カリキュラムのとらえ

　子どもの学びの前にはすべてが追従的であるべきだという視座に立つと，教師の主体性やSVの主体性，研究者の主体性は副次的なものになってしまう。このような大人・子ども関係の固定化された見方だと実は上述したような6年生の子どもたちの願いや思いも掬いあげられない。誰にとっても切実感・文脈・必然性のない，通り一遍な進路指導や地域学習を展開し，それに慣らされた子どもたちは，型どおりにそれを「こなし」ていく態度だけを，かくれたカリキュラム（ヒドゥン・カリキュラム）として身につけていく。

　かくれたカリキュラムは，意図や計画が明示されたカリキュラムの遂行とは別に，学校教育現場において子どもたちが無自覚のうちに学んだり経験したりしたことの総体をさす。近年では，このかくれたカリキュラムに関しては，ある階層にとって有利・不利に働くなど，その政治性についての研究もかなり進められているが，本章では，当事者性という鍵概念を用いて検討したい。そうすることで，かくれたカリキュラムの概念が学び手の子どものみならず，教育にかかわるすべての人びとに拡張してとらえなおすことが可能になるであろう。

　たとえば，いくら教師が歴史のおもしろさを伝えようとしても子どもたちが

「暗記教科」だとしてしまう教科観形成の背後には何が隠されているのか。テストや選抜圧力に慣らされた子どもたちによって，テストで問われる内容を授業のなかで巧みに聞き分けることの積み重ねが，強固な教科観を形成させているのだ。歴史のおもしろさや歴史を学ぶことの意義がいくら明示的に語られても，それはあえて括弧にいれてしまう。テストでよいスコアをとらなければ意味がないという事実のほうがより切実であるから戦略的に教科を再解釈してしまうのである。どの教科観形成の背景にも子ども一人ひとりの文脈に沿ったかくれたカリキュラムがあり，明示的な教科目標（学習指導要領等で述べられている目標）とうまく符合している子どもがどれだけいるであろうか。この建前と本音の同居は教師の教科観とも無縁ではない場合もありうるだろう。高等学校におけるカリキュラム未履修問題が発生したときも，私たちはこのことのほうを問い，カリキュラムのあり方をとらえなおすべき絶好の機会であったはずである。

　測定可能な学力の低下や公定カリキュラムの未履修などが問題となるとき，全国的な悉皆学力調査等をてこにして問題解決しうるというのはあまりに楽観的ではないだろうか。私の見立てでは，このような調査そのものも，現場の子どもたちによりその意味が変容・加工され，単なる「傾向と対策」の対象として身構えられるだけで，受験文化のなかで現れた上述した教科観形成をもっと大規模に誘発するだけである。ましてやこの調査が教員評価等と結びついて教師の身分を圧迫し始めたら，教師もヒドゥンな不文律になびいていくことはすでに地方単位の同様の調査で報告されている事実である。かくれたカリキュラムは学校という空間のなかで，当事者たちの利害意識と結びつきながら機能しているのである。ましてや，調査結果が公表され，競争・序列化がすすみ，その結果，学校の選択や改廃等にまでつながるようになればなるほど事態は深刻化するであろう。

　このようにみてくると，かくれたカリキュラムは極めて当事者性の高いところで，自覚的に時には無自覚に学ばれていることがわかる。かくれたカリキュラムのほうが，明示されたカリキュラムよりも当事者にとって切実感や必然性が存しているところで発生している。それを無視して，何の文脈や必然性もな

いカリキュラムを実践しようとすると，子どもはおろか教師までも，ただ「こなす」という構えになり，皮肉にもそれ自体（こなしさえすればよいという発想自体）がかくれたカリキュラムとして学ばれていくことになるであろう。

カリキュラムがまさに学校現場で創り出されているというとき，そこに居合わせているすべての当事者たちにとってカリキュラムがどういう意味をもっているのかという問いは不可避なものであると考えられる。

4 子ども観の転換と教育方法としての意識化

1 子どもは発達可能態であるというとらえ

子どもをどうとらえるかという問いに関して，先に述べた「制作説」と「過程説」に拠りつつ検討しよう。制作説にたてば，子どもは，発達の欠如態と認識されることになる。教育により欠けた部分を補って支援していこうというわけである。欠如態ではなく可能態であるととらえることはいくぶん進歩的な解釈であるが，教育活動を通して，ある種の目標（出口）を目指して発達支援を行うという意味では通底する発想に立っている。

国家的なカリキュラム基準が示され，それを通した社会的上昇や成功のための制度が整備されている社会においては，このような子ども観が形成されることは当然であるとも考えられるが，翻って，この子ども観を有する大人たちの自己認識はどうであるかと問う必要がある。確かに，子どもを欠如態や可能態ととらえることで，大人のとりわけ教師の責任が明確になり子どもの学力保障や発達保障に自覚的になりうる。戦後のカリキュラム論や教育評価論はこの教師側のリアリズムをもとに立論されてきたといっても過言ではない。しかしながら，もう一点，指摘しておかなければならない大人の自己認識がある。それは，子どもの変容可能性や発達可能性を語り，そして同時に出口の目標を語る大人は，対照的に自らを発達の完成形と自覚させ，子どもを大人自らの世界観や発達状態の「部分」でとらえてしまう傾向を示すことである。これでは，子どもに学ぶ教師を目指すことも，子どもの権利の理解と保障に関する認識も，そして自ら学び社会参加していく主体であることも，どれも「お題目」と化し

てしまうだろう。

2 子どもは発達を現実化している主体であるというとらえ

　それに対して，子どもは発達をまさにいま現実化している主体であるととらえる見方が存在している。その環境において，その子のその年齢なりの世界観をもちながら問題解決しようとしていることを最大限尊重する。10歳のK君は，彼が15歳の環境ではもうきっともつことができない地理観や言語観でもって10歳の一人前の人として地域の人たちと交流したり友達とかかわりあったりしている。それは，たとえば45歳を生きるM教諭も同じことである。このような子ども観にたてば，大人と子どもの間に制度的な区分以上には違いはなく，ともに発達・変容する主体であることには変わりはない。子ども観の転換というより，むしろ大人の(とりわけ教師の)自己認識の転換を可能にするのが，子どもを発達現実態ととらえる認識利得であろう。

　ある中学校で，プロのアナウンサーを総合学習で呼び，子どもたちと触れ合わせ，本物と出会うことでコミュニケーションスキルを学ぶことを目標化している実践があった。教師は，その時間中，腕組をして教室のサイドから子どもたちを監視し，ゲストに対し「粗相」がないよう気を配っている。彼は，学ばない。そして，そこでは，誰も目標どおりには学んではいない。一人ひとり人前で興味のないニュースをアナウンサーの口真似をして時間通りに読み，それを聞く同級生に照れながら何とか時間を過ごす。しかし，授業の最後に，ゲストに「伝えようという熱意があるとよく伝わることがわかった」と正解じみた感想が無理に指名されてやっと出てくる。誰も，意図された目標どおりには学んでいない。アナウンサーのように日ごろから話さない教師がこの内容に興味がないこと，イベントとして用意された学習であることを子どもたちは見抜いていたのかもしれない。

　Y市の小学校で，5年生の子どもたちが地域の老人たちにゲートボールを教えてほしいと願い出る。しかし，大きな選手権大会にもでるようなメンバーがいるチームの老人たちに，「プロと幼稚園児の違いがあるから無理だ」と一度

は断られ子どもたちは奮い立つ。何度も交渉する。やっと教えてもらえることになり，そのゲートボールの楽しさや難しさ，また雑談のなかに聞こえる老人たちの思いを彼らなりに受け止めていく。なにより，担任の若手教諭が誰よりも真剣にゲートボールを学び，プレーをし，老人たちと語り合う。その姿を見ていた子どもたちは，地域学習や福祉学習といった枠組みから解放され，最後には，「なぜ，お年寄りたちは，『ゲートボールを一緒にやってくれてありがとう』って言ってくれたのだろう。僕たちこそお礼を言うべきなのに」という問いにたどり着き，頭を悩ませ，担任の先生も含めて長時間話し合う。

　過程説に立ってカリキュラムを構想することは，教師自らも一人の学び手として子どもたちと違うモードで，共通の課題に取り組むことが必然的に要求される。出口に立って，「ここまでおいで」とばかりに手招きする仕事ではない。環境問題にしても平和学習にしても同じことがいえる。子どもにはそのときのその子にしかできないアプローチがあるのであり，教師の掌上で，最後の「落とし所」も明確な展開では学びなどおこらない。時には，地域再生の課題など子どもに聞いてみたら解決の方途が探れたという事例もあることを考えると，私たちは，およそ10年前後の教育期間において「やらせ」や「こなし」のかくれたカリキュラムを誘発・機能させ，結果として大人たちの文化継承に辟易し，ついには拒否させてしまう事態を繰り返していることに損失感や危機感をもつべきである。

3　広い視点からのカリキュラム研究の必要性と教育方法としての意識化

　最後に，カリキュラム研究の現代的課題を提示しつつ，同時に教育方法として教師たちが自覚化することが望まれる点について指摘したい。

　子どもたちの学力低下を危惧し，旧来の詰め込み型の教育方法の復権を望む声は高まり現実化している。時には，それが若者や子ども世代への不寛容と重なりつつ提案され，大人の側の真意も見えにくくなっている。しかし，一つ定数として分析できることは，誰もが何らかのカリキュラムを学校期に経験してきたということである。どれだけの大人たちが，今自分が主体的にかかわって

いる文化創造を根拠に学力低下を案じただろうか。むしろ，今の自分の生活とは無関係であると自覚しつつも，かつて自分が学んだと記憶している断片的項目を手がかりに「これぐらいのことは知っておくべきだ」と主張するムードが支配的ではなかっただろうか。ある事項がある教科から削除されようとしたとき，利害関係者以外の大人たちは何を根拠にその削除に反対したのだろうか。昨今の大人向けのTVのクイズ番組において，かつて学んだことをノスタルジックに懐かしむような学校知が主たる出題源となっていることは，子どもには極めて皮肉に映るであろう。

　大人たちがどのようなカリキュラムを経験し，何がかくれたカリキュラムとして機能して，そして今の教育世論に寄与しているのか，この研究が急がれる。これは，大人たちが総がかりでカリキュラム観を転換し，カリキュラムを当事者たちのものに回復していく営みと重なるであろう。

　子どもを含む，教育にかかわるすべての人びとが「他人事」ではなく，「自分事」としてカリキュラムをとらえていく。それには日々の教育実践のなかで，今日のあの時間の学びが子どもにとって教師にとってSVの学生にとってどういう意味があったのだろうかと共同的に確認しあうことが必要になってくる。教育方法は，狭く技術論にとどまらず，このようなカリキュラムに対する教師たちの「観（＝見方）」も実践のなかで自覚化することも含めて理解されるべきである。

　SVでかかわる学生が子どもたちと関わる意味，総合学習に協力してくれる地域の人びとにとっての意味，そして教師にとってのさまざまな出会いの意味，子どもの学びの前には背景として見過ごされがちな各当事者にとっての意味が語られないような実践は持続可能性に乏しいものとなるであろう。ここで紹介したいくつかの実践は，子ども理解を深めるためには，子どもだけを対象化して分析するのではなく，カリキュラムにかかわる大人も含めたすべての当事者一人ひとりが主体として位置づかないとならないという逆説を示してくれている。

【藤本　和久】

考えてみよう

1. 学校単位でカリキュラム開発をしている学校を時代や国内外の別を問わず（文献でも・実際にでも）訪ねて、そのカリキュラム観を意味づけてみよう。
2. 自分自身のカリキュラム観が、どのような信念や経験に基づき形成されてきたのかを相対化して整理し、他の教職課程生と交流してみよう。
3. 国家がカリキュラムの基準を示すことの意味を考え、諸外国の動向と比較検討してみよう。
4. 教室における実践現場で、子どもの思いや願いがどこにあるか、またどのようなものであるかの理解に迫る方法を追究しよう。
5. 教職課程という「カリキュラム」はあなたにとってどのような意味があり、それにどのような心的態度で臨んでいるか、内省してみよう。

参考文献

佐藤学『カリキュラムの批評』世織書房、1996年
岩川直樹『総合学習を学びの広場に』大月書店、2000年
グループ・ディダクティカ『学びのためのカリキュラム論』勁草書房、2000年
山口満編『現代カリキュラム研究』学文社、2001年
ヴァン マーネン（中野和光ほか訳）『教育のトーン』ゆみる出版、2003年
田中耕治『学力と評価の"今"を読みとく』日本標準、2004年
佐貫浩『学校と人間形成』法政大学出版局、2005年
中野光・行田稔彦・田村真広編著『あっ！こんな教育もあるんだ―学びの道を拓く総合学習』新評論、2006年
鹿毛雅治『子どもの姿に学ぶ教師』教育出版、2007年
田中耕治・水原克敏・三石初雄・西岡加名恵『新しい時代の教育課程　第3版』有斐閣アルマ、2011年
田中耕治・井ノ口淳三編著『学力を育てる教育学（第2版）』八千代出版、2013年

第4章 メディアと教育方法

1 メディアと教育方法の関わり

1 教育におけるメディアの利用

「メディア」ということばは，もともと英語の media (medium の複数形) をカタカナ表記したものであるが，語源をたどれば「中間の」という意味のラテン語 medium からきている。つまり，何かと何かの「中間」にあって，それらをつなぎ媒介するものが「メディア」である。

私たちが「メディア」ということばを使うのは，主に「情報メディア」または「情報通信メディア」という意味でである。情報を発する者（発信者）と情報を受ける者（受信者）との間にあって，情報伝達の媒介物として機能しているものを，「メディア」と呼んでいる。具体的には，書籍・雑誌・新聞などの印刷物，テレビ・ラジオなどの電波放送，電話・インターネットなどの通信ネットワーク，といったものがある。広い意味でいえば，言語表現や身体表現もメディアと考えられるし，コンピュータなどの情報処理装置もメディアである。一般に，情報を表現・処理・伝達するための媒体をすべて，メディアと呼ぶことができる。

教育においてメディアが重要な役割を果たしていることは，言うまでもない。学校の授業風景を思い浮かべてみると，教科書などの印刷教材，テレビやビデオ，コンピュータやインターネットなど，さまざまなメディアが使われていることがわかるだろう。

1990 年代の半ば頃からは，IT (Information Technology) や ICT (Information and Communication Technology) と呼ばれるデジタル情報通信テクノロジー，す

なわちコンピュータやインターネットの教育利用が注目されている。コンピュータやネットワークの整備状況について見てみると，世紀の変わり目に急速に充実が図られていることがわかる。たとえばインターネットに接続しているコンピュータを保有している学校は，1999年3月末には，小学校で27.4％，中学校で42.8％，高等学校で63.7％にすぎなかったのに対して，2006年3月末では小学校で99.9％，中学校・高等学校では100％となっている（表4.1参照）。これらの数値は，コンピュータ室など特定の教室のみでインターネットに接続できるという場合でも「接続している」とカウントされているが，現在では学校内のLAN (Local Area Network) によって普通教室からでもインターネットに接続できる学校が多くなってきている。

　コンピュータやインターネットといった道具が，物理的に学校に入ってきているというだけではない。現行の学習指導要領では，小学校から高等学校にわたって，それぞれ多少の表現の違いはあるが，各教科・科目等の指導に当たっては，「コンピュータや情報通信ネットワークなどの情報手段に慣れ親しみ，適切に活用する学習活動」（小学校）や「コンピュータや情報通信ネットワークなどの情報手段を積極的に活用できるようにするための学習活動」（中学校・高等学校）を充実するとともに，「視聴覚教材や教育機器などの教材・教具の

表4.1　学校のインターネット接続率（％）

年	小学校	中学校	高校
1999	27.4	42.8	63.7
2000	48.7	67.8	80.1
2001	75.8	89.3	90.6
2002	97.2	99.2	99.1
2003	99.4	99.8	99.9
2004	99.7	99.9	100
2005	99.9	99.9	100
2006	99.9	100	100

（注）2006年以降はほぼ100％を達成しているので省略した。
（出所：文部科学省「学校における教育の情報化に関する調査」の結果をもとに作成）

適切な活用を図ること」ということが総則に記されている。

　映画の発明者であるエジソン（Edison, T. A.）は，教育において映画が書物に置き換わるだろうと予想していた（この予想は結果としてはずれたが）。新たな視聴覚メディア・情報通信メディアが登場すると，それらのメディアの教育利用が試みられ，それによって教育が大きく変わるという期待が湧き上がってくる。近年では，コンピュータやインターネットにそのような期待がもたれているところもある。その一方で，そうした新規な取り組みは，学校現場に根付くことなく急速に萎んでしまい，さらに新しいメディアが登場するとそちらに注目がシフトしてしまう，ということは歴史上何度も繰り返されてきている。

　では，メディアによって教育が変わるということは，あり得るのだろうか？メディアによる教育の変化・革新について，私たちはどのような視点で考えたらよいのだろうか？

2　情報通信メディアは教育を変えるか

　新しいメディアが教育の場に持ち込まれた時に，現場で実践している教員からよく聞くことの一つに「自分は今までやってきた方法・道具で十分授業ができるから，そんな道具は使わなくてもいい」ということがある。言い換えれば，「メディアが違っても，教育効果は変わらない」という考えである。

　この「メディアが変わっても，教育は変わらない」という主張は，一見すると頑固な保守主義者による向上心のない発言に思われるかもしれない。しかし，新しいメディアを利用することによってこれまでよりもプラスの効果があったとする教育実践も，よく見てみると，メディアによって教育が変わったと結論することに疑問が残るものも少なくない。

　一つには，「新規性効果」の存在が無視できない。何か目新しいことがあれば，それだけで興味関心や動機付けが高くなり，それによって教育効果が向上するということがある。学習者のやる気が高まって，それで学習効果が向上するなら，それは結構なことではないかと思うかもしれないが，当然「新規性効果」は「新規」である限りでしか働かない。新しいメディアを教育に持ち込んだ時

に，当初は教員も張り切って取組み，生徒もやる気を出すが，すぐにその熱が冷めていってしまうということは，よく見られるのである。したがって，メディアの新規性によって興味関心・動機付けを高め，それによって教育効果があがるというのは，教育改善に本質的なことではない。

そもそも，異なるメディアを使うということの意味は何だろうか。メディアを情報伝達の媒介物と考えると，メディアが異なっても，伝えられる「情報」が同じであれば，教育効果は変わることはないのではないだろうか。たとえてみれば，どんな配送車で運んでも，同じ食物であれば摂取できる栄養は変わらないと考えられるのではないか。「メディアが違っても，教育効果は変わらない」という考えの背後には，暗黙のうちにこのような考えがあることが多い。

では，逆に教育を改善するためにメディアの利用が効果的だとすると，どう考えたらよいだろうか。一つには，配送システムが違えば運ばれるモノ自体も違ってくるということになるだろう。魚を遠距離運ぶことを考えてみれば，運搬手段がリヤカーなのか冷凍コンテナ車なのかで，届く「魚」自体が違ったものになるだろう。

もう一つの重要な視点として，メディアが違えばそれを利用する「活動」も異なってくるということがある。魚のたとえで考えれば，リヤカーで干物を運ぶのと，冷凍車や高速道路を使って新鮮な魚を運ぶのとでは，魚を料理したり味わったりする活動も異なるだろうし，魚の流通や商売の活動も異なってくるだろう。

このように考えてみると，情報通信メディアが教育にもたらす効果について，少なくとも二つの観点から考えてみる必要があることがわかるだろう。一つはメディアによって「情報」がどのようなものになっているのかということ，すなわち，異なるメディアによって表現・伝達される情報がそれぞれどのような特徴をもっているのかということである。技術的に「新しいこと」が可能だから，それも「これまでと比べて素晴らしい（と思える）こと」が可能だから，というだけの理由で新しいメディアを教育に用いるのは，必ずしも望ましい結果をもたらすとは限らない（逆に望ましくない結果をもたらすこともある）。本章では，

コンピュータというメディアに焦点をあてて，コンピュータによって実現される情報のあり方として「マルチメディア」と「ハイパーテクスト」の特徴について考えていく。

もう一つは，メディアによって学習活動がどのようなものになっているのかということ，すなわち，異なるメディアの使われ方によってどのような学習活動が実現されているのかということである。本章の後半では，コンピュータを利用した教育・学習活動の性質について，背後にある学習理論の違いと学習活動のあり方の関わりについて考えていく。

2 コンピュータの情報の特徴

1 マルチメディア

マルチメディア（multimedia）というのは，文字，音声，静止画，動画など多様な種類の情報をデジタル化して統合的に扱うメディアのことである。私たちが身の回りの世界をとらえ，身の回りの世界と関わる際には，通常「五感」をさまざまな形で使っている。しかし，メディアで表現される情報が関与するのは，一つないしごく少数の感覚器官に制約される。たとえば従来の印刷教材であれば，文字テクストと絵・写真という限定された種類の情報のみが利用される。つまり，視覚的情報に限定されているし，動きもない。聴覚も触覚も嗅覚も味覚も関与しない。メディアの発達の歴史のなかで重要な動きの一つは，より多くの感覚器官に訴えるメディアを開発するということであろう。それによって，より「現実」に近い情報を扱えるようにしようという試みである。

視聴覚メディアを利用した教材の起源は，1657年に刊行されたコメニウス（Comenius, J. A.）の『世界図絵』（Orbis Pictus）にさかのぼる。彼が『世界図絵』を作成した意図は，本来的に象徴的・抽象的な性格をもつ言語によって伝達される経験から学ぶのではなく，感覚・経験に基づいた教育を重要視しようとするものであった。実際に経験をすることが不可能または困難なことがらについて，少しでも現実の経験に近い教材を使うことによって，感覚・直感を通じて学ぶことを可能にしようというわけである。その反映として，『世界図絵』に

描かれている絵は，非常に写実的なものになっている。

　視覚・聴覚，静止画・動画など多種類の感覚を利用することを要求するマルチメディアは，コメニウスの考えをさらに拡張し，より現実に近い感覚・経験を通じた学習を可能にするものといえるだろう。また技術の進展にともなって，白黒テレビがカラーテレビに，さらにはハイヴィジョン映像へと発展していく流れは，まさに「より現実に近い表現」を求める動きだといってよいだろう。また，動画に文字情報で説明を加えたりすることによって，単に「現実」を映し出すだけでなく，教材として直感的・感覚的と同時に知的にも理解をすることができるような表現が可能になる。

　マルチメディアを視聴・利用している学習者はどのようにしてその内容を理解しているのか，また理解しやすいマルチメディア教材とはどのようなものなのか，といった問題については，慎重に検討していく必要がある。より多様な情報をよりたくさん提示すればいいというものでないことは，言うまでもない。たとえば，テレビを見ていても，映像とナレーションまたは出演者のトークという動画と音声言語の情報に加えて，さらに話されている言語を文字化した文字言語が提示されていることがしばしばあるが，それを「見づらい」「理解しづらい」と感じる人も少なくないだろう。どのような情報をどのように組み合わせてマルチメディアをデザインしたらよいのだろうか。

　メイヤー (Mayer, R. E.) は，マルチメディアを利用した学習に関する認知心理学的な実証研究を積み重ね，マルチメディア学習の認知理論とマルチメディア設計の原理についてまとめている (Mayer, 2001)。

　彼の理論の柱は三つある。一つは二重チャンネルという考え方である。それによると，人間は視覚的情報を処理するチャンネルと聴覚的情報を処理するチャンネルが分かれているということである。そのうえで，二つめの理論的柱として，処理能力の制限という考え方がある。そこでは，それぞれのチャンネルで一時に処理できる情報の量には制約があるとされる。三つめの柱は，能動的処理という考え方であり，そこでは学習者が入力情報と既有知識から一貫性のある表象（理解）を能動的に統合・構築する存在であることが主張される。

これらの理論的柱を組み合わせて考えると，一つにはマルチメディアが単一のメディアよりも人間の認知的処理能力をより効果的に利用できる可能性が示されているといえる。その一方，それぞれの処理能力の制約をうまく活用し，また統合的に一貫した表象をより効果的に形成できるようなマルチメディアのデザインが求められることも導かれる。

デザインのための原理としてメイヤーは，以下のようなものを掲げる。

（1）マルチメディア原理：言語単独よりも，言語と絵の組み合わせの方が，効果的に学習が行われる。

（2）空間的・時間的接近の原理：対応する絵と言語が空間的・時間的に接近していた方が分離しているより効果的に学習が行われる。

（3）一貫性の原理：内容に関与しない余分な言語・絵・音のない方が効果的に学習が行われる。

（4）モダリティの原理：アニメーションとナレーションの組み合わせの方が，アニメーションと画面上の文字言語の組み合わせよりも効果的に学習が行われる。

（5）冗長性の原理：アニメーションとナレーションと画面上の文字言語の組み合わせより，アニメーションとナレーションのみの組み合わせの方がより効果的に学習が行われる。

（6）個人差の原理：デザインの効果は，学習分野の知識が高い学習者よりも低い学習者に，また空間的表象を扱う能力が低い学習者よりも高い学習者に，より強くあらわれる。

以上のように，マルチメディアは従来のメディア・教材と比較して大きな可能性がある一方で，単にマルチメディアであればよいというわけでもないし，「わかりやすいだろう」「楽しいだろう」「興味をひけるだろう」と考えて作成したマルチメディア教材が必ずしも効果的であるとは限らない。マルチメディアによって魅力的な教材の選択肢が広がっているが，教育目的や学習活動に応じて適切な教材を適切な形で使わなければならない。

2 ハイパーテキスト

　コンピュータによって実現されている情報の構造について考えてみよう。コンピュータ以前のメディアの代表として，書記言語における「本」，音声情報における「カセットテープ」，映像情報における「ビデオテープ」を思い描いてみると，それらのいずれも，情報が「一直線」に並んでいることがわかる。本の上のことばは確かに二次元的広がりをもった空間に配列されているし，ページの重なりまで考えれば物理的には三次元的な存在ではある。しかし，本のなかの言語情報は，1ページ目冒頭の1文字から最終ページの最後の文字まで，一つの線の上に並べられている。カセットテープやビデオテープも，再生すれば初めから終わりまで数十分の情報が一直線に並んでいることは明白である。これらのメディアは「リニア（単線的）な」メディアといえる。

　それに対して，インターネットのワールド・ワイド・ウェブにおける情報のつながり方はどうであろう。一つのページの上で，いくつも異なった箇所から「リンク」がはってある。異なるリンクを選択すれば，異なる「次のページ」が表示される。行き先のページからさらに次も，また複数の行き先がある。逆に，あるページの「前のページ」，つまりそのページへリンクをはってあるページもまた，複数あり得る。このようにたくさんのページが複雑な網の目状につながり合う構造を形成している情報を，ハイパーテキスト (hypertext) と呼ぶ（ハイパーテキストと従来のテクストの相異については，Bolter (1991) を参照のこと）。

　ハイパーテキストは，リニアテキストとどのように異なるのだろうか。まず，情報の表現能力という点でいえば，複雑な構造をした情報を表現しやすいという特徴をもっている。複雑な要因が関与している歴史的出来事や，多様な要素が複雑に絡み合っている科学的事象についてなどは，単線的なリニアテキストの形で表現されていると，過度の単純化によって誤りを誘発しやすかったり，理解が困難であったりすることがしばしばある。それに対して，ハイパーテキストを活用することによって，複雑な構造を立体的・多次元的に表現できるということがある。

　読み手の役割も，リニアテキストとハイパーテキストとで異なる。リニアテ

クストは，書き手によってあらかじめパッケージ化された情報であり，テクストの境界や構造が書き手によって大きく制約されている。それに対してハイパーテクストでは，情報の選択や情報の流れの形成が，読み手によってなされる。その意味で，読み手の役割がハイパーテクストでは増大しているといえる。そのため，読み手の興味関心に応じた多様な読み方が可能であるし，それによって読み手の必要に応じた知識の構築が可能にもなってくる。

　しかし，ハイパーテクストにも，注意しなければならない点がある。一つには，インターネットでいくつものページを閲覧している時に経験したことがあるかもしれないが，情報空間のなかで「居場所」がわからなくなってしまいがちだということである。複雑な情報を複雑な構造で提示することは利点もあるが，複雑な構造の情報のなかで現在目にしていることの位置づけや他との関係を把握していくことは，必ずしも容易なことではない。そうした困難を避けるような情報構造のデザインが必要になってくる。

　また，情報の文脈づけに関しても，ハイパーテクストには注意すべき点がある。リニアテクストであれば，ある部分を読んでいる際に，それを取り巻く文脈情報が見やすい。パッケージ化され構造が固定化されていること，物理的実体として情報全体が存在していることから，読んでいるテクストの背景となる情報が目に見えやすいのである。それに対してハイパーテクストでは，個々の情報の文脈を全体として示すことが困難であるし，また情報の文脈が固定化されていない。サイトを超えて自由にリンクをはることのできるオープンなハイパーテクストであるインターネットにおいては，これらの事態はさらに深刻化する。また，検索機能によって情報のつながりから切り離されて特定の情報にアクセスしてしまうことも避けられないが，その場合には文脈の提示自体が不可能になってしまう。こうした点を考慮して情報の構造をデザインしないと，思わぬ誤解を生じたり，理解が困難になったりすることも起こってくるのである。

　インターネットを使って学習者自らが情報を検索したり閲覧したりして情報収集をすることは，学校現場でも多く行われるようになってきている。しかし，

検索やリンクによって得られた情報を表面的にたくさん集めたり目にしたりしても，断片的な浅い情報を入手したということに過ぎない。深い理解をともなう構造化された知識を学習者が得たり築いたりするためには，ハイパーテクストの性質を理解したうえでの情報検索や情報収集のしかたについての指導・教育が不可欠である。そのような情報リテラシーを身につけさせつつ，情報メディアを有効に学習場面で活用することが重要であろう。

3 学習理論とコンピュータの教育利用

1 行動主義とCAI

コンピュータを教育の道具に利用しようという試みの最も初期のものは1950年代にアメリカで始まるが，学習者がコンピュータの端末の前に座り，コンピュータが問題を画面上に提示し，学習者がそれに対する答えを入力し，コンピュータがその正誤をチェックしフィードバックを与えるという形のものである。こうしたコンピュータを用いた教育システムをComputer Assisted Instruction（CAI）と呼ぶ。CAIの特徴は，個々の学習者がそれぞれ自分のペースで個別学習を進められること，コンピュータに貯蔵される学習者の学習履歴に応じて個々の学習者に応じた教材を提示できること，そういったことを通して大量の学習者に効率的に学習を進めさせられること，などがあげられる。教室における教師の発問，生徒の解答，教師の評価・フィードバックといった教育活動を，コンピュータによって個々の生徒に合わせた個別対応可能なものにしたといえる。

CAIの開発の背景には，行動主義心理学の学習理論があった。行動主義心理学は，心理学を科学的研究にしようという動機が背景にあり，人間の心理的事象について観察可能なデータのみで語ろうとした。そのため，「知識」「理解」といった頭のなかにある目に見えない事柄は行動主義心理学の対象にならない。学習というものは，外界の「刺激」とそれに対する「反応」の対（連合：association）を形成することだとされる。また，大きな課題を学習するためには，その課題をより単純な小さな課題の連なりとして分析し，個々の小課題について

習熟することを積み重ねていくプログラムを作成し，それに沿って学習していく。

　行動主義の学習理論の柱となる「条件づけ」の形成において，賞と罰という外発的動機づけが重要な役割を果たす。好ましい行動についてプラスのフィードバックが与えられ，望ましくない行動についてマイナスのフィードバックが与えられることによって，身につけるべき行動の出現率が高まっていくということである。

　こうした理論を背景に，ドリルを使った教育をコンピュータ化したのが，CAI のシステムだといえる。現在市販されている教育用のソフトのなかにも，こうした CAI と同類のものは少なくない。コンピュータの高機能化にともなって，画面の情報がよりきれいで目を引くものになったり，フィードバックがより魅力的なものになったりしているものの，本質的な構造は CAI の流れを引くものが今でも多く見られるのである。

2　認知心理学と知的 CAI

　行動主義は人間の内面を問題にしなかったわけだが，1950 年代後半にアメリカで生まれた認知心理学・認知科学は，目に見えない「知識」をまさに研究対象とした。コンピュータ科学の進展にともなって，コンピュータで人間の知的行動を実現する人工知能の研究が盛んになり，コンピュータのなかでどのように知識を表現するかということが具体的に研究されるようになった。それと関連して，人間の知的行動について，知識表象と認知的処理過程の観点から明らかにしようとする研究が盛んになった。

　そうした研究を踏まえて，CAI をより「賢く」する研究・開発が行われた。学習者の反応という行動だけを問題にするのではなく，コンピュータと学習者の対話的インターラクションのなかから，学習者がどのような知識・理解の状態にあるのかをコンピュータが推測し，それに応じて適切な対話（説明，問題提示，フィードバックなど）を進めることによって，学習者の理解を深めようとするものである。

知的CAIシステムの開発のためには，個々の学習内容に関する知識の性質についての詳細な研究が必要になる。誤った知識や不完全な知識，日常生活のなかで暗黙のうちに獲得される素朴な知識と学校などで学習する科学的知識など，知識とその変容の過程を詳細に明らかにするためには，狭く絞った個別の領域に関しても多岐にわたる研究が必要になる。しかも，学習者とコンピュータとのインターラクションを通して学習者の知識の状態を推測するということは，容易なことではない。

マルチメディアを使った教材や，ネットワークを使って学習者に提供される教材など，知的CAIの枠組みを多かれ少なかれ使いながら研究開発がなされている分野は少なからずある。

3　構成主義と思考の道具

これまで述べた二つの学習理論と，それに基づいたコンピュータの使い方は，決められた知識・技能を「教える」もしくは「身につけさせる」ということが目的であった。それに対して，ここで述べる構成主義の考え方では，学習者自身の「学び」もしくは「知識構築」が目指されている。

既有知識と与えられた情報から自ら能動的に理解・知識を作り上げる過程として「学び」をとらえる考え方を「構成主義」(constructivism)と呼ぶ。この考えに基づくと，教師は知識構築の過程を支援する存在となる。

このような考え方と密接に関わるコンピュータを利用した教育実践としては，たとえばLOGOというコンピュータ言語を活用した学習活動がある。LOGOというのは，子どもの学習用に開発されたコンピュータ言語で，簡単な命令を組み合わせることによって，画面上に絵・図を描くことが容易にできる（LOGOの概要と背景にある思想については，Papert (1980)を参照）。LOGO自体は，何も教えてくれるわけではない。LOGOを思考の道具として使いながら，学習者自身が試行錯誤したり仮説を立て検証したりしながら，知識を構築するのである。

LOGOを活用した日本での代表的教育実践としては，戸塚滝登氏による富

山県の小学校でのものがある。たとえば，葉につけた目印の数本の線の伸び方を LOGO を使ってパソコン上に再現することによって，葉の成長の仕組みの原理を子ども自らが発見した事例，木星とその衛星を観察し個々の衛星の運行を LOGO を使ってパソコン上でシミュレートすることによって，個々の衛星の周期を導き出した事例，教室に作った「町」の地図を LOGO でパソコン上に描くなかで単位の考え方について気づいた事例などがある (戸塚，1989)。

構成主義に基づいた学習活動においては，学習者自身の能動的学習活動が中心になるが，教師や学習環境の役割が非常に大きいことも忘れてはならない。課題とコンピュータだけを与えておけば，それでコンピュータが何かをしてくれて学習が達成されるというわけでないことは言うまでもない。上記の戸塚による実践においても，戸塚の働きかけや支援の果たした役割は非常に大きい。「教える」のではない，学習環境の設計や教師による支援のあり方を考えていくことが，こうした学習活動において最も重要な点であろう。

4　社会構成主義と CSCL

第1節で触れたように，現在では全国のほとんどの学校がインターネットに接続されている。インターネットなどコンピュータの通信機能を利用した教育には，どのような理論的背景があるのだろうか。

ここまで述べてきた学習理論は，学習というものを「個人的営み」としてとらえている面が強い。教師・教材・メディアなど「教える」側のものとそれによって与えられる情報を使いながら，学習者が学ぶ過程は，あくまで学習者個人の活動であり，学習者同士の横のつながりは考えられていない。それに対して社会構成主義の学習観では，学習を社会的相互作用による共同での知識構築過程ととらえる。近年では，そうした考え方を背景にもちながら，共同的学習活動を支援する道具としてコンピュータのシステムやそれを利用した学習活動を構築する試みと，そのなかでの学習活動の詳細な分析が積み重ねられるようになってきている。そのような開発・研究に対して CSCL (Computer Supported Collaborative Learning) という言い方がなされる (CSCL の理論的背景と代表的な事

例については，三宅・白水（2003）を参照のこと）。

CSCLのプロジェクトの代表例としては，カナダのスカーダマリア（Scardamalia, M.）とベライター（Bereiter, C）が中心になって進めてきたKnowledge Forumというシステムがある。このシステムでは，学習者が共有し書き込めるデータベースの機能が備えられていて，参加学習者が自分の考えをノートとして書き込み，互いに疑問に答え合ったり，他の学習者のノートにコメントをつけたりすることができる。そうした機能を使いながら議論が発展していく様子を，ノート同士の結びつきを一覧した図やノートの階層的リストによって見ることができる。このシステムで重要なのは，ノートの書き方についての支援が用意されているということである。自分のノートがどのような種類のものなのかを選択し，それに応じてどのような書き出しをするかのオプションが示される。もう一つ重要な機能は，ノート同士の間のリンクの種類を自覚化し明示させるものである。それによって，知識を共同で構築する過程を学習者が自覚し意識化することが手助けされる。

5　学習理論と教育方法

以上見てきたように，同じコンピュータというメディアであっても，背後にある学習理論が異なれば全く異なったコンピュータ・システムが開発され，全く異なった学習活動が行われる。メディアもしくはテクノロジーによって，教育方法や学習活動のあり方が決まってくるのではない。どのような学習理論に基づき，どのような学習・教育を実現したいのかを明確に考えたうえで，メディアやテクノロジーの利用のしかたを考えていくことが重要である。

4　おわりに

本章の冒頭で述べたように，インターネットが全国のほぼすべての学校に整備されたのは21世紀に入る頃である。それから約十年後には，パソコンとインターネットからさらに，電子黒板およびデジタル教科書（広くはデジタル教材）の導入が進められるようになった。2011〜13年度から実施されている学習指

導要領に準拠した教科書をもとにしたデジタル教科書が複数の教科書出版会社から売り出され，2013年度には教員採用試験で電子黒板を使用した模擬授業を行う自治体も出てきて，これらのテクノロジーは「一部での先進的試み」というより，学校教育への本格的な導入という方向になっている。

　これらの道具は，社会が情報化されデジタル情報機器の利用が日常生活や仕事の場で不可欠なものになっているために，教育の場でも「アナログの道具」をデジタル化しなければならないということで導入されていると考えてはならない。知る・理解するとか教える・学ぶということについての考え方や，そのなかでの情報の役割や情報の扱い方についての考え方が従来と変わらなければ，これまでの幾多の情報機器と同様，単に現れては消える「新しいモノ」の一つになってしまうだろう。「PISA型学力」「21世紀型学力」などと称される現在および将来に必要とされる能力を身につけるための教育には，教室や学校のあり方がどのようなものでなければならないかと考えたうえで，こうした新たなテクノロジーを有効に使っていく（また，場面によってはあえて使わない）必要がある。

　デジタル教科書は，単に従来の紙の教科書・資料集に，より魅力的な画像・映像などが加わったというだけのものではない。本章で述べたマルチメディアとハイパーテキストの機能を備えた教材であることに加え，思考・コミュニケーションの道具の要素も備える。さらに，電子黒板の利用と組み合わせることにより，教室内での学習者相互のコミュニケーションも教師・学習者間のコミュニケーションも，これまでと大きく変わる可能性をもっている。

　教師から学習者に「知識」を伝達する場としての教室ではなく，学習者と教師が関わり合いながら知識を作り出し学んでいく場としての教室へと変わっていくためには，情報メディアが果たす役割は大きい。　　　　　【杉本　卓】

考えてみよう
1．これまでに教育の道具として使われてきたメディアを列挙し，それぞれの特徴を考えてみよう。
2．過去に使われて現在では全く（またはほとんど）使われなくなっているメディアを探し，

それらが使われ始めた時にはどのような期待がもたれていたかを調べ，さらになぜ使われなくなったのかを考えてみよう。
3．コンピュータ，インターネット，電子黒板，デジタル教科書といったデジタル情報メディアが学校現場でどのように使われているのかを具体的に調べ，それぞれどういった学習観・学習理論が背景にあるのかを考えてみよう。
4．メディアが子どもたちにもたらす負の影響について，具体的に事例を集め，対策を考えてみよう。

参考文献

Bolter, J. D., *Writing space: The computer, hypertext, and the history of writing*. Hillsdale, NJ: Lawrence Erlbaum, 1991.（黒崎政男他訳『ライティングスペース―電子テキスト時代のエクリチュール』産業図書，1994年）

Mayer, R. E., *Multimedia Learning*. Cambridge, UK: Cambridge University Press, 2001.

三宅なほみ・白水始『学習科学とテクノロジ』放送大学教育振興会，2003年

Papert, S., *Mindstorms: Children, computers and powerful ideas*. New York: Basic books, 1980.（奥村貴代子訳『マインドストーム―子供，コンピュータ，そして強力なアイデア（新装版）』未来社，1995年）

戸塚滝登『クンクン市のえりちゃんとロゴくん』ラッセル社，1989年

第5章 ジェンダーと教育方法

1 はじめに

　現在の学校は，男女平等・ジェンダー平等がある程度実現している場である。学校の教育課程は，基本的に男女平等・ジェンダー平等の原則によって特徴づけられている。生徒はその性別に関わらず，ほぼ同じ内容を同じように学ぶことを期待されている。入学や進学といった進路が分岐する場面においても，選抜の基準は学業成績に置かれており，性別によって直接的に有利になったり不利になったりすることはない。

　しかし家庭や職場等の他の生活領域に目を向けると，生産労働や経済活動を男性に，再生産労働やケアワークを女性に割り振る性別役割分業が，かつてほど強固にではないにせよ存在している。また消費文化やサブカルチャーは性別によって分化しており，子どもたちはそれを享受し再生産することによって「女らしさ」や「男らしさ」を含むジェンダー規範を生きている。すなわち社会的な性別役割分業やジェンダー規範は，それ自体が複雑に錯綜し，その経験のあり方が多様化しているとはいえ，確かに機能している。

　着目しなければならないのは，にもかかわらず，学校の児童，生徒という役割が性別をほぼ捨象したかたちで成立している事実である。ジェンダーの観点からみた学校教育の特徴は，社会的な性別役割分業やジェンダー規範が機能しているにもかかわらず，子どもの性別によって異なる教育を基本的に否定し，性別によって異なる未来を準備しようとはしない点に指摘できる。

　学校教育における男女平等・ジェンダー平等の基本的な困難はここにある。歴史的には子どもたちを性別によって分け，異なる教育を行う男女の分離教育

が行われていたが，現在において分離教育は望ましくもなければ可能でもない。分離教育には，性別特性論に基づいて性別役割分業を推進し既存のジェンダー規範を強化する点で，性差別が内包されているからである。実際に男女平等・ジェンダー平等の視点による学校教育の研究は，分離教育を批判し家庭科や体育における男女共修の実現に寄与してきた。しかしジェンダー視点による教育研究は，違う教育を行うことが差別であることを示すのみならず，同じ教育を受ける生徒の経験が性別によって異なりうること，その違いがセクシズムを再生産していることも明らかにした。単に同じ教育を行うこと，子どもたちをジェンダーが存在しないかのように扱うことは，子どもたちが何らかのかたちで自らの性別を生きている以上，必ずしも平等に結びつかないのだ。さらにその背景には，学校教育のカリキュラムが伝統的に男性の領域とされてきた公的領域と生産過程の関心を中心として構成され，女性の領域とされてきた私的領域と再生産過程の関心を看過してきた事実がある。

　学校教育におけるジェンダーは複雑な問題領域を構成している。本章では，その複雑さの考察を通して教育方法への理解を深めることを目指す。

2　授業におけるジェンダーの問題

1　ある授業から

　A 中学校1年1組の歴史の授業から，教室におけるジェンダーの問題の考察をはじめよう[1]。

　チャイムがなり田中先生が教室に入ってきた。親しみやすい雰囲気をもつベテランの男性教師である。生徒たちは明るい表情で先生を迎えた。みな，これから始まる授業を楽しみにしている。授業や先生を忌避している様子の生徒はいない。今日のテーマは「鉄砲伝来」である。先生が「鉄砲が流れ着いたのは何年」と尋ねると，多くの生徒たちが自分の教科書を開いて調べはじめる。その一方で，すでに知っていたのか，何人かの男の子が口々に「1543年」と答える。「では長篠の戦いは何年？」と先生が尋ねる。また多くの生徒が教科書のページをめくって確認する間に，何人かの男の子が「1575年」と答える。「長

篠の戦いで信長が使った鉄砲の数は……」と先生が言いかけると，一人の男の子から「三千」とあいの手が入る。こうして先生の説明は，数人の男の子とのやり取りのなかで進んでいった。

　鉄砲伝来の説明を一通り終えた先生が，「どうして鉄砲が広まったのか，考えてノートに書いてください」と課題を提示した。生徒たちは教科書や資料集を開いて作業している。先生は机の間を歩きながら，「どう」「なるほどね」「それは面白いね」と声をかけてまわる。途中，作業にうまく取り組めていなかった男の子のところで立ち止まり，教科書のページを指差しながら「このあたりを参考にしてみたら，どうかな」と示唆する。

　しばらくして先生が，「では，誰か言ってください」と言った。何人かの男の子たちが手を挙げた。そのうちの一人が「安藤くん」と先生に指名され，「戦国大名が注目したから」と答える。他の男の子たちが，先生の指名を待たずに，「戦国大名に注目されて，鍛冶職人が大量につくれるようになった」，「大阪や滋賀で，刀鍛冶が生産した」と付言する。先生が「ほかにある？」と尋ね，挙手した男の子のなかから鈴木くんを指名した。鈴木くんが「遠距離攻撃ができるから」と答える。その時一人の女の子が手を挙げ，先生がすかさず「広中さん」とその子を指名した。広中さんはそばに来た先生に向かって，小さな声で自分の考えを述べた。「それは，すごい考えだね」と先生がにっこり笑って言った。広中さんの声は，おそらくクラスの半分以上の生徒には聞き取れなかっただろう。ただ近くの席の男の子たちは，彼女の発言に触発されたように，「矢はよけられるけど鉄砲は無理」，「鉄砲の方がはやいじゃん」と口々に言った。

　先生がここで，「鉄砲は誰がつくったんだっけ」と質問し話題をかえた。男の子たちが「鍛冶職人」「刀鍛冶」と答えた。この後，鉄砲がどのように生産され流通したかを確認し，この日の授業は終了した。

　この授業におけるジェンダーの問題は明白である。女の子が沈黙し，男の子の声ばかりが教室に響いている。しかし，なぜそのようになっているのか，その状況をどのように変えていけるかということは，それほど明白ではない。この一つの出来事としての授業を理解するためには，複雑なジェンダーの機能を

考えていく必要がある。

2 男の子の「雄弁」と女の子の「沈黙」

　男の子が活発に発言し女の子が静かに沈黙している。このような教室の光景は，A中学校の1年1組に限らず，小学校の高学年以上の教室にしばしば見られる。小学校6年生二クラスの参与観察を行った木村涼子は，算数，国語，理科等どの教科においても，教師ー児童間の相互作用の量も自発的な発言も男の子の方が多いことを見出し，そのような教室の光景に現れているジェンダーの問題を「男子の『雄弁』と女子の『沈黙』」と表現した（木村，1999）。似た状況はアメリカの教室についても報告されている。小学校5年生の教室を観察したサドカーらは，「教室には二つの世界がある。活発に行動する男子の世界と，何もしないでいる女子のそれだ」と述べた（サドカーら，1996）。

　木村の研究において重要なのは，教師ー児童の相互作用のジェンダー不均衡が，教師の男女への働きかけの違いよりも，子どもたちの行動の性差によって生じているとの指摘である。木村の観察では，教師が指名を行う多くの場面で男の子のみが挙手していた。そしてそのような状況において，教師は「数少ない女子の挙手を見逃さないように努力」していたという。A中学校1年1組の授業の生徒の発言場面でも，田中先生は男の子と女の子に対して異なる働きかけを行っているわけではない。先生の問いかけは男の子と女の子に等しく向けられているにもかかわらず，それに応答するインフォーマルな発言は，男の子によってのみ行われている。また挙手による指名が発言のルールとなっている場面では，男の子が挙手し女の子が挙手しないという生徒の振る舞いが，「男子の『雄弁』と女子の『沈黙』」の光景を生成させている。

　なぜ女子が沈黙するのかという問いに対しては，文脈に即した考察が必要である。木村が観察した二クラスの場合，Aクラスについては落ち着きのない男の子への対応を中心に学級運営を行ってきた経緯が，Bクラスについては男の子のからかいによって女の子が誤りを恐れ沈黙してきた経緯があったという。A中学校1年1組の女の子たちの場合はどうだろうか。上記の授業場面のみ

から言えることは少ないが，唯一発言した女の子の言葉が尊重をもって受けとめられていることから，男の子によるからかいの問題はなさそうである。しかし先生の問いかけを受けて教科書を調べる姿には，誤りを避けようとする志向が見出せるかもしれない。女の子の沈黙の背景は，他の授業の様子，課外活動や休み時間の様子，4月からの経緯，場合によっては小学校での様子などを勘案して総合的に考察することが必要だろう。

「雄弁」も「沈黙」も学びを深めないことを鑑みるなら，状況は改善される必要がある。しかし「女の子」に発言を促すことは必ずしも有効ではない。一つの理由はセクシズムの再生産にある。「女の子」や「男の子」に発言を促す行為には，「あなたは女」「あなたは男」というメッセージの伝達が含まれる。宮崎あゆみは，学校では性別カテゴリーが「操作・統制の手段」として男女を分ける必要のない場面でも使用され，ジェンダー規範を強化していると指摘している（亀田ら編，2000）。また子どもに自らの性別の確認を頻繁にせまる学校文化は，トランスジェンダーの子どもの学校生活を困難にする点でも問題を内包している。

「女の子」を名指しするもう一つの問題は，黙っている男の子たちの存在が見失われてしまう点にある。教室において目指すべきは，男の子と女の子の発言を均等にすることではなく，すべての子どもの声を教室に響かせることによって一人ひとりの学びを深めることである。小グループで探究活動を行う，書く活動を導入しその交流を行うといったように，その実践的な方略は多く蓄積されている。ただし「男子の『雄弁』と女子の『沈黙』」を，性別にかかわらない個人の問題としてとらえるのも誤っている。それはジェンダー問題の一つの現れである。そして女の子が挙手も発言もほとんどしない状況は，それ自体が女の子に沈黙を強いるかたちで機能する。

「男子の『雄弁』と女子の『沈黙』」は普遍的な光景ではない。A中学校1年1組の子どもたちも，異なる教科では異なる姿を見せているかもしれない。また田中先生の日本史の授業でも，違うクラスでは女の子が多く発言しているかもしれない。その差異こそが状況の改善に示唆を与えてくれる。

3　教科とジェンダー

　A中学校1年1組の日本史の授業の光景を考える際に，もう一つ考察すべき観点がある。教科とジェンダーにかかわる問題である。授業は火縄銃の伝来を主題としていた。女の子と男の子の参加の仕方の差異は，その主題への興味の違いによるものかもしれない。戦国時代への関心，鉄砲という武器への関心は男の子の方が高いだろうとの推察は，それ自体が男女のステレオタイプを構成する危険を内包している。戦争や武器に関心のない男の子，関心のある女の子の存在を看過してはならない。しかし少なくとも，子どもたちが生きる消費文化は，男の子たちを戦争や武器へと惹きつけるものとなっている。

　加えて歴史の教育内容は，主に男性による政治と戦争を中心としている。中学1年生の子どもたちは，すでに小学校で日本史の授業を受けている。小学校の日本史は人物中心に構成されており，2011年4月から実施されている学習指導要領には42名の歴史的な人物の名前が例示されているが，そのうち女性は卑弥呼，紫式部，清少納言の3名に過ぎない。女の子にとって歴史の学習は，よそよそしいものとして経験されうる。

　近年，女性の歴史とジェンダーの視点を導入した歴史教育が模索されている。高校の日本史教科書を検討した久留島典子によれば，受験にあまり使用されない日本史Aでは，出版社によってジェンダーの視点を意識した記述が多くなっている。ただし日本史Bは定型化した叙述が多く，ジェンダー史の成果があまり導入されていないという。必要なのは，通史の書き換えの可能性を探ることだろう。富永智津子はアメリカの高校世界史教科書を検討し，産業革命やフランス革命といった大きな歴史変動との関連で女性の歴史が書き込まれていると指摘している（長野ほか編，2011）。

　教科とジェンダーの関係は，それぞれの教科や教材に即して検討されねばならない。たとえば文学の授業は，登場人物における「男らしさ」「女らしさ」のステレオタイプ，物語内容におけるジェンダー規範，性差別の表現などの問題を抱えている。しかしそのような特徴をもつ作品を教科書から排除することは，文学の授業を貧しいものにしてしまう。異なる登場人物や男女の関係を描

いた作品の導入が必要だろう（金井編，2001）。中学校における女の子の「理科離れ」については，女の子の理系への進学希望を阻害する要因がないか，理科実験における女の子の役割が補助的なものに固定されていないか，学習内容において歴史的に女性が担ってきた役割との関連が失われていないか，多角的な検討が必要とされている（村松編，2004）。

3　男女平等・ジェンダー平等教育の取り組み

1　明示的なカリキュラムの変遷

　近年，明示的なカリキュラムにおける性差別は基本的に解消に向かっている。
　第二次世界大戦以前の日本の教育は，男女の分離教育によって特徴づけられていた。小学校は共学だが，高学年では男女別の学級編成が基本となっていた。中等教育は男女別学であり，男の子は中学校，女の子は高等女学校に振り分けられていた。高等教育への進学ルートは中学校から伸びており，女の子が高等教育を受ける機会はほとんど開かれていなかった。この分離教育では，男女が分かれて学ぶのみならず，男女で異なる内容を学んでいた。女の子の教育の特徴は「良妻賢母主義」と表現されている。男の子の教育と女の子の教育の分離は，公的な領域への教育と私的な領域への教育の分離であった。
　男女平等を基本とする教育政策が打ち出されたのは，第二次世界大戦後の教育の民主化においてである。1947年に制定された教育基本法では「男女共学」がうたわれ，少なくとも初等中等教育については，女の子の教育を男の子の教育並みの水準にするというかたちで機会均等が実現することとなる。
　そのなかで男女のカリキュラムの明示的な差異を構成したのは家庭科だった。高校家庭科は男女共通の選択教科として出発したが，1949年の発足当初，選択者はほとんど女の子で，その女の子さえあまり選択しなかったという。女子必修化を求める声を受け，1960年の学習指導要領では普通科の女子，1970年には全課程の女子において家庭科が必修となる。中学校の技術・家庭科についても，1958年の学習指導要領によって，男子が主に電気や機械を，女子が主に被服や食物を学ぶこととなった。この家庭科における分離教育は，性によっ

て異なる教育を行うのみならず，家庭における家事や育児を女性の役割とし，そこから男性を免除あるいは排除し性別役割分業を強化する点で重大な性差別を内包していた。それゆえ 1985 年の「女性差別撤廃条約（女子に対するあらゆる形態の差別の撤廃に関する条約）」の批准に際して改善が必要となり，1989 年の学習指導要領において男女共修となる。なお男女の分離教育が実質化していた中学校の体育についても，選択必修であったダンスと武道が 2008 年の学習指導要領で男女ともに必修化されたことを受けて共修化が進みつつある。

　ところで，家庭科の男女共修を目指した運動は，私的領域における再生産過程の価値の再評価を含んでいた点で興味深い。「家庭科の男女共修をすすめる会」が 1974 年の発足時に出したアピールは，生産の拡大の追求がもたらしている生活の破壊を問題にし，「もっと生活を大切にするような人間」を育てるために家庭科の男女共修を求めていた（家庭科の男女共修をすすめる会編，1997）。しかし家庭科の男女共修は，固定的な性別役割分業の問い直し，あるいは男女生徒の分離の問い直しという文脈で評価されている。その評価は，学校におけるセクシズムの解消という文脈において重要だが，生産過程への関心を中心とする学校教育の男性中心主義を問い直す視点を欠いている。

2　かくれたカリキュラムの発見

　ジェンダーの視点による教育研究の重要な成果は，性役割やジェンダー規範を再生産する「かくれたカリキュラム」の発見にある。学校文化の詳細な検討や教室の観察は，たとえ明示的なカリキュラムが男女を差別していなくても，子どもたちが学校教育をその性別によって異なるかたちで経験し，男女の生徒が性的なステレオタイプに即した特性の獲得へと促されること，セクシズムが再生産されていることを指摘してきた。具体的には，以下のようなかくれたカリキュラムの存在が指摘されている。

　第一に，生徒をとりまく学習環境や学校文化には，性に関するメッセージが内包されている。男女別で男子が先の名簿は，男女が異なる存在であること，男子が優先される存在であることを示唆している。女性がエプロンをしている

教科書の挿絵や，女性のみが家事労働に従事する様相を「生活時間調べ」の例として提示する記述は，女性に家庭責任を配分する性別役割分業を強化する可能性がある。男性ばかりが登場する歴史教科書は，歴史の主体は男性であるとの印象を与える。教材だけでなく，教師の配置や役割もかくれたカリキュラムとして機能しうる。小学校教員全体における女性の比率は61.9%だが，校長における女性比率は18.4%である。このような管理職の男性の比率の高さは，男性による管理や意志決定という社会構造を提示している。中学校では国語や英語を担当する教師の6割程度が女性であるのに対して，数学や理科では2割から3割になる。このような教科担当の性別不均衡は，女性は文系向き，男性は理系向きといったイメージを強化する可能性がある（文部科学省，2010）。

　第二に，教師と子どもの相互作用において，かくれたカリキュラムが機能している。教師におけるジェンダー・バイアスは，「女らしい」「男らしい」といった言葉を通して子どもたちに伝えられるだけではない。男女に異なる役割を課したり同じ行為に異なる評価を行ったりする過程において，暗黙のうちに子どもたちに伝達される。また授業のエスノグラフィックな研究は，教師が女の子よりも男の子に多く働きかけがちであること，すなわち教育の対象として男の子を優遇していることを明らかにしてきた。ただし授業中に男の子が多く指名され励まされ叱責されるという傾向は，教師が男の子の優遇を意図していることによってもたらされている訳ではない。そこには思春期の女の子を厳しく叱責することへの教師のためらい，挙手した子を指名するという教室のルール，問題を起こしがちな子どもへの対処を中心とする学級経営，課題をこなせない子の援助に力を注ぐ教師文化などが機能している。

　第三に，教師と子どもの相互作用のみならず，子どもどうしの相互作用においてもかくれたカリキュラムは機能している。性自認を獲得したばかりの幼い子どもは，性別と外見や振る舞いの特徴の関係を，一定のステレオタイプに基づいてとらえる。それゆえ幼稚園や保育園の子どもたちは，髪の毛が長い，ピンクや黒の服を着る，仮面ライダーごっこをするといった見た目や振る舞いと性別との関係を，子どもどうしの相互作用を通して学ぶ。学校の授業において

も子どもどうしの相互作用によるジェンダー規範の再生産が起きている。上記の木村による小学校6年生のクラスの参与観察では，国語の授業において「素朴でコミカルな詩」を書いた男の子に対して他の男の子からの賞賛が与えられ，「リリカルな詩」を書いた男の子に攻撃が加えられた出来事が報告されている。(木村，1999)。教室における女の子と男の子の異なる振る舞いは，子どもどうしの相互作用において形成され強化され，ときに学びを阻害しうることがわかる。

3　ジェンダー・フリー教育の試み

学校におけるセクシズムの再生産の可視化を受けて，男女の平等とジェンダー規範による束縛からの解放を目指す取り組みが行われた。その試みは，男女平等教育の課題を引き継ぎつつも，1995年以降，「ジェンダー・フリー」という新しい概念に主導され推進されてきた（亀田ら，2000）。

一方で行われたのは，男女の不要な区別やジェンダー・バイアスの点検である。象徴的な役割を果たしたのは男女混合名簿の導入だろう。初等中等教育では男女別で男の子が先に記載された名簿が多く使用されていたが，1999年に制定された男女共同参画社会基本法が契機となり，各地方自治体で男女混合名簿の導入が推進された。ほかにも，教科書の記述の改変や掲載文章の変更を求める，体育の授業を可能な範囲で男女混合とする，女の子の体操服のブルマーを廃止する，制服のスカートとズボンについて選択できるようにする，教師におけるジェンダー・バイアスへの気づきを促すなどの取り組みが行われている。もう一方では，より積極的に男女平等・ジェンダー平等を目指す試みとして，子どもがジェンダーについて学び，多様な生き方や家族のあり方について考える授業が開発された。ここにはセクシュアリティの学習も含まれ，トランスジェンダー，ゲイ，レズビアン等のセクシュアルマイノリティについて理解を深める授業，自らのセクシュアリティをとらえ直す授業が試みられた。

ところが新自由主義と新保守主義の台頭を背景として，2000年代中頃から，ジェンダー・フリー教育に対するバックラッシュの動きが明確化する。先駆的に男女混合名簿を導入してきた東京都では，2004年に教育委員会が「ジェン

ダーフリー」という言葉と「男女の違いを一切否定するようなジェンダーフリー思想に基づいた男女混合名簿の作成」の禁止を通知し，方針を転換している。教育現場では，男女混合名簿の実施率はあまり変わらなかったものの，「ジェンダーフリー」という言葉は使用されなくなった。

　教育研究においては，バッシングへの反論とともにジェンダー・フリー概念の再検討が進められた（木村編，2005）。そのなかで着目されたのが，ジェンダー・センシティヴの概念の重要性である。日本のフェミニズムにおいて，ジェンダー・フリーは「"男女"という性別カテゴリー間の不平等」の是正と「ジェンダー認識の呪縛」からの自由への志向を表現する言葉として積極的に使用されてきた（井上ら編，2002）。平等と自由を求める取組みには，双方が必ずしも一致しないがゆえの困難が内包されていたが，ジェンダー・フリーの概念のもとで推進されてきた取り組みの意義と価値は疑いようもない。ただしジェンダー・フリー概念についていえば，その出典として参照されたバーバラ・ヒューストン（Houston, B.）の論文は，ジェンダー・フリーよりもジェンダー・センシティヴの概念を積極的に使用していた。

　ヒューストンはジェンダー・フリーのあり得る戦略として，男女差が現れる活動を学校から排除するもの，ジェンダーを無視するもの，ジェンダー・バイアスからの自由を目指すものの三つを提示したうえで，三つめのジェンダー・バイアス・フリーとしてのジェンダー・フリーを支持している。そして他の二つのジェンダー・フリー概念に含まれるジェンダーへの盲目を批判して，ジェンダー・センシティヴという概念を提起している。ジェンダー・センシティヴの概念は，単に女性と男性を同じように扱うこと，ジェンダーを排除したり無視したりすることはジェンダー平等につながらないと認識し，ジェンダーに敏感であること，すなわちジェンダーがどのように機能しているかをたえず考慮することを求めるとされる（Diller et al., 1996）。

　男と女の二つの性によって構造化されたジェンダーは，学校や家庭を含むあらゆる場に埋め込まれその人間関係や文化を規定している。ジェンダー・センシティヴ概念はそのことをふまえている点で実践的な有効性を有している。ジ

ェンダー・バイアスを逃れることのできる無垢な人や場はありえない。ジェンダー平等を目指すなら，複雑なジェンダーの機能を注視し，あるときにはジェンダーを無視し，あるときには考慮に入れる必要がある。

なお学校教育において，ジェンダー平等という価値はたえず優先されるわけではない。子どもの尊厳，人種の平等，文化の伝承といった他の価値と対立した場合は交渉と調整が必要となる。ジェンダーに敏感であることは，他の不平等や価値についても敏感であることをも要請している。

4 ジェンダー・センシティヴな教育に向けて

1 再生産過程の価値の再考

ジェンダー・センシティヴの概念は，ジェンダー平等の問題を提起する半面で，学校教育における再生産過程の価値の再考を促している。ヒューストンはその提起に際し，教育哲学者ジェーン・ローランド・マーティン（Martin, J.R.）の講演を参照していた。「教養ある人の理想」と題されたその講演は，「教養ある人」の像が実は「教養ある男」の像であること，その教育の領域には伝統的に女性に属するとされる経験や活動が含まれていないこと，伝統的に再生産にかかわる価値や特徴，性質，技術の認識に失敗していること，そのことによって女性と男性の双方を傷つけていることを問題として提起するものだった (Martin, 1994)。すなわちマーティンによるジェンダー・センシティヴな教育の提起は，再生産過程の価値の復権という主題を内包している。ジェンダーと教育に関する議論を深めるために，その議論の射程を確認しよう。

『女性にとって教育とはなんであったか』(Martin, 1985) においてマーティンは，5人の教育思想家による女性教育論を検討している。ジェンダー・センシティヴの概念は，思想家たちの「教育的理想」をジェンダーの視点から検討する文脈において登場する。マーティンはかつて，ルソーが提示した「ジェンダーに束縛された教育的理想」にかわりうるのはプラトンが提示した「ジェンダーに盲目な教育的理想」だと考えていたという。ルソーが『エミール』に描いたのは男性と女性で異なる教育である。男性のエミールは自由人となるべく教育さ

れ，エミールの配偶者となる女性ソフィーは，男性を喜ばせ，男性の役に立ち，男性に愛されるべく教育される。他方プラトンの『国家』は，女性であるか男性であるかに関わらず，素質に応じた社会的な役割のための教育を構想している。ジェンダー・センシティヴな教育的理想を提起することによって，マーティンはルソーもプラトンも，そして彼らを参照する教育思想も暗黙のうちに男性の教育を標準としてきた事実を問うた。ルソーの『エミール』を例にとると，後の世代は，エミールの教育にルソーの教育的理想を見出す一方，ソフィーの教育は無視するか時代による制約として否定的に扱ってきた。マーティンによれば，このような女性教育論の看過が，歴史的に女性のものとみなされてきた役割，妊娠と出産，子どもの養育，病人の看護，家計維持の行為等の価値を切り下げているという。

　ジェンダー・センシティヴの概念は，学校教育が子どもを公的領域と生産の過程に導くものとして特徴づけられていること，そこに私的領域と再生産の過程が位置づいていないことを問題にしているといえよう。ただしその教育的理想は，単に私的領域と再生産過程の学校教育への導入を企図するものではなく，女性的なものと男性的なものを分離する二項対立そのものを問題にしている。教育における生産と再生産の二分法を拒絶し，その関係を再編するために，マーティンは二つの課題をあげている。一つめは，かくれたカリキュラムを認識し，文化が女性をどのような仕事や役割と結びつけどのように貶めているかを知ることである。二つめは，「養育の能力」や「ケアの倫理」をカリキュラムに導入することである。

　マーティンは再生産の過程から導かれる教育の基礎を「ケアリング (caring)」「関心 (concern)」「つながり (connection)」という「3C's」で表現している。そのカリキュラムへの導入の方途は興味深い。彼女によれば，料理や裁縫の技術は疑いようもなく重要だが，家庭科教育の拡張は必ずしも必要ではない。むしろ「養育の能力」や「3C's」を，再生産の過程から生じた教科である家庭科と結びつけて教育に導入することは避けられねばならないという。それは社会における生産過程と再生産過程の分断が学校教育において再現され，再生産過

程の道徳的,社会的,政治的意義が見失われるからである。では「3 C's」の学校への導入は,どのようなかたちで行われるのだろうか。

2 「スクールホーム」の構想

　再生産の過程を含んだ学校を,マーティンは『スクールホーム』(1992)において構想している。「スクールホーム」とは「家庭」と「家庭性」を導入した学校を表現する造語である。その構想に際してマーティンは,マリア・モンテッソーリ (Montessori, M.) の設立した「Casa dei Bambini」を再解釈しつつ参照している。最初の Casa dei Bambini は,劣悪な状況に置かれた子どもたちのために,ローマのサン・ロレンツォのスラム街に設立された。そこでは子どもたちに家庭的なケアと学校教育を提供するとともに,理論的かつ実践的なケアと教育の統合が試みられた。マーティンも「スクールホーム」において,愛着ある人間関係や親密さといった家庭的な特徴を教育において意味づけるとともに,教育方法やカリキュラムを家庭や再生産の復権に向けて再構成している。

　Casa dei Bambini の再解釈のポイントは Casa の訳語にある。マーティンはイタリア語の Casa が「家 (house)」と「家庭 (home)」の双方の意味を含んでいる点に着目し,従来「子どもの家 (The Children's house あるいは The House of Childhood)」と英訳されてきた Casa dei Bambini を「子どもの家庭 (home)」と訳しなおす。そのことによって,愛着をともなう人間関係への着目が可能になる。Casa dei Bambini は「家庭の機能的等価物」である。子どもたちは「理想的な家庭」にいるときと同様に,大人からの愛情を受け,親密な関わりを経験する。そして自分で洗顔し服を着ること,時間を知らせること,上手に話し注意深く聞くこと,他者に親切に寛容に接すること,幼い子の面倒をみること,協同で働くことなどを学ぶ。同時に Casa dei bambini は「家庭の道徳的等価物」である。この言葉が示しているのは,家庭が,そこから疎外されるならば「人間性」と呼ばれるものの獲得が不可能となるような重要な道徳的側面を有しているということである。

　家庭で学ぶことは学校で学ぶ「基礎」以上に基礎的である。学校で3 R's が

基礎とされてきたのは，公的な世界のメンバー，すなわち民主主義の市民かつ経済的に自立した個人へと子どもたちを準備するためであった。加えて3R'sは，子どもたちを歴史，文学，哲学といったハイ・カルチャーに導く役割において重視されてきた。しかしマーティンによれば，それらは家庭での学びを前提として成り立つ基礎である。その前提はもはや成立していないとして，「スクールホーム」には家庭と家庭性の基礎が導入される。第一に愛情のこもった雰囲気が基本的な構成要素となる。第二に3C'sがカリキュラムに正当に位置づく。第三に学ぶことに喜びがともなうようになる。その喜びは，個人的な努力の作用であるのみならず，集団的なものでもあるとされる。

3　「スクールホーム」のカリキュラム

　マーティンは「スクールホーム」の具体的なカリキュラムの構想を，リチャード・ロドリゲスの自伝『記憶に飢える』の解読から始めている。メキシカンアメリカンの作家ロドリゲスの人生は，いわゆる「成功の物語」である。低い階層の出身でスペイン語を話す少年が，英語を話すようになり，歴史，文学，科学などのリベラル・エデュケーションを習得する。それは単なるアメリカへの文化的同化でも知識とスキルの習得でもなく，「教養ある人」になるというイメージに合致する過程をたどった。この成功への道程に，マーティンは喪失と疎外を読みとる。スペイン語を捨てて英語を話し始めた家族は，陽気さ，暖かさ，愛情に満ち溢れた雰囲気を失う。ロドリゲスも両親との親密な関係を失い，子どもらしい多弁さを失い，メキシコの文化への関心を失い，自分自身の感受性や情緒から分離される。マーティンはその過程に，大学で政治学を学んだ自らの喪失を重ねている。ロドリゲスが家族，スペイン語，そしてメキシコというルーツから疎外されていたとするならば，彼女はアメリカで女性として育った経験とそのことで得た財産から疎外されていたという。

　ロドリゲスとマーティンの経験した疎外は，カリキュラムとの関係をとりそこねている多くの生徒たちのものでもある。たとえばニューヨークの公立高校に通うパトリシアは，母が男に殴られたことを考えていて授業に集中できない。

彼女が疑問に思っているのは，なぜ母が彼のもとにとどまるのかということだ。パトリシアの知りたいことと学校のカリキュラムは乖離している。それに対して「スクールホーム」では，パトリシアが彼女自身について学べるカリキュラム，すべての人が自分について知ることを保障するカリキュラムがデザインされる。カリキュラムの多様化と細分化は否定されなければならない。マイノリティのニーズに応えて教科を増やすと知識が断片化してしまう。かといって復古主義者が提唱する古典からなるナショナル・カリキュラム，すなわち西洋の白人男性の文化を規範化する唯一のカリキュラムへの回帰は否定されねばならない。

　生徒のニーズに応え，マイノリティの文化を導入し，しかもカリキュラムをバラバラな知識の寄せ集めにしないために，マーティンはマーサズ・ヴィンヤード島の言語文化をモデルとしている。文化人類学者ノーラ・エレン・グロースの調査報告によれば，ボストンの近くに位置するマーサズ・ヴィンヤード島は耳の不自由な人の生まれる割合が高かった。そして彼ら彼女らは，他の地域のろう者と異なり，健聴者と全く同じように仕事をもち，結婚して子どもをつくり，社会的な責任を担っていた。それを可能にしていたのは健聴者も手話を使って話す文化である（グロース，1991）。このマーサズ・ヴィンヤード島のモデルは，マイノリティの文化を「文化的遺産」に組み込み共通のものとすることを要請する。「家庭性」はこのような「文化的遺産」の重要な一つとして位置づけられる。

　「スクールホーム」のスタンスは「実験的」という言葉で表現され，多くの問題のうちの何を学ぶかということは基本的に生徒と教師に委ねられている。文学作品の読解についても，マイノリティ文学の作品を導入する教室もあれば，これまで定番教材となってきた作品を異なる方途，多様な方途で読む教室もある。マーティンはアメリカの主流の文化，文学や教育学がいかに「家庭性」を見下してきたかということを強調している。それらは愛に満ちた関係や家庭的な仕事を，退屈なもの，逃れるべきものとして描いてきたという。マーティンはそのような関係の転換をこそ，学校教育という価値的な営みに賭けている。

すなわち学校を文化的なヘゲモニーの闘争の場としてとらえ，カリキュラムの変革を通した文化の変革を企図している。

　必要な世話を受けられないでいる子どもたちにケアと教育を提供すること，子どもたちの苦境を救うことは，「スクールホーム」の直接的な目的である。しかしマーティンが取り組んでいる問題の射程はより広い。彼女は子どもたちの苦境の背景に，家庭的なもの，家庭の仕事やその価値に対する蔑みや冷淡さを見出している。そして学校において家庭と家庭性に関することが排除され沈黙させられている事実が，家庭と家庭性には価値がないとするかくれた（ヒドゥン）カリキュラムを構成していることを問題にしている。

　マーティンの提起は多方面からの教育の再考に開かれている。「ケアリング」の概念とその学校教育への導入を提唱した教育哲学者ネル・ノディングズは，自らの教育論とマーティンの教育論の共通点を，育児や介護といった女性の伝統的な仕事の重要性を理解させ，男女すべての子どもをそのような仕事に向けて教育しようとする点に指摘した (Noddings, 1995)。生田久美子はマーティンやノディングズの提起を引き受けつつ，「ケア」を知の様式として定位することによって，知における分離と疎外の克服を試みている (生田編, 2005)。ジェンダー・センシティヴな教育の追求は，男女の関係のみならず，教育と学習の内容や方法，学校のあり方の根源的な再考を要請している。　　【浅井　幸子】

注
（1）この授業は実際の複数の授業をもとに再構成したものである。先生と生徒の名前は仮名である。

考えてみよう
1．学校教育におけるジェンダーの不平等にはどのようなものがあるだろうか。
2．再生産の過程は現在の学校教育にどのように位置づいているだろうか。
3．3C's の導入は教科の学習をどのように変えるだろうか。

参考文献
Diller, A., Houstou, B., Morgan, K. P., Ayim, M., *The Gender Question in Education: Theory, Pedagogy and Politics*. Westview Press, 1996.

グロース，ノーラ・エレン（佐野正信訳）『みんなが手話で話した島』築地書館，1991年

生田久美子編『ジェンダーと教育―理念・歴史の検討から政策の実現に向けて』東北大学出版会，2005年

井上輝子・江原由美子・加納実紀代・上野千鶴子・大沢真理編『岩波 女性学事典』岩波書店，2002年

亀田温子・舘かおる編著『学校をジェンダー・フリーに』明石書房，2000年

金井景子編『ジェンダー・フリー教材の試み―国語にできること』学文社，2001年

家庭科の男女共修をすすめる会編『家庭科，男も女も―こうして拓いた共修への道』ドメス出版，1997年

木村涼子『学校文化とジェンダー』勁草書房，1999年

木村涼子編著『ジェンダー・フリー・トラブル』白澤社，2005年

Martin, J. R., *Reclaiming a Conversation: The Ideal of the Educated Woman*. Yale University Press, 1985.（村井実監訳，坂本辰朗・坂上道子訳『女性にとって教育とはなんであったか―教育思想家たちの会話』東洋館出版社，1987年）

Martin, J. R., *The Schoolhome: Rethinking Schools for Changing Families*. Harvard University Press, 1992.（生田久美子監訳『スクールホーム―〈ケア〉する学校』東京大学出版会，2007年）

Martin, J. R., *Changing the Educational Landscape: Philosophy, Women, and Curriculum*. Routledge, 1994.

文部科学省「平成22年度 学校教員統計調査」2010年

村松泰子編『理科離れしているのは誰か―全国中学生調査のジェンダー分析』日本評論社，2004年

長野ひろ子・姫岡とし子編著『歴史教育とジェンダー―教科書からサブカルチャーまで』青弓社，2011年

Noddings, Nel, *Philosophy of Education*. Westview Press, 1995.（宮寺晃夫監訳『教育の哲学―ソクラテスから〈ケアリング〉まで』世界思想社）

Sadker, Myra and Sadker, David, *Failing at Fairness: How Our Schools Cheat Girls*. Simon & Schuster, 1994.（河合あさ子訳『「女の子」は学校でつくられる』時事通信社，1996年）

第6章　教育評価の基礎

1　はじめに

　この章のタイトルには，「教育評価」とある。「教育評価」という言葉を目にしたとき，読者諸君（筆者の想定は，教職課程を履修中の初学者，大学1，2年生である）の経験やイメージに近いのは，次のうちどれだろうか。

　その1：知能検査か，心理テストかな。あてはまるところに○をつける，とか。
　その2：学校のテスト！　定期試験，通知表，あとは入学試験に決まってるでしょ。
　その3：PISAみたいな，学力調査だと思う。いろいろニュースになってるし。
　その4：うぅ，あんまりはっきりしない……考えたこともないや。

「その1」から「その4」が決まったら，次の通り読み進めてみよう。
　　　その1：「第2節　検査，測定」から読む
　　　その2：「第3節　通知表，入試」から読む
　　　その3：「第4節　調査，コンテスト」から読む
　　　その4：「文献」のうち，どれかを読む。
　　　　　　その後，この章を最初から読み直す。

　以下，初学者にわかりやすくするため，歴史的な背景や注，引用を省略し，説明を大幅に単純化する。詳細は章末の「参考文献」で示した専門書や事典を読み，読者諸君で確認してほしい。また，字数に限りがあるため，いくつかの重要な用語は，「関連用語」として示すにとどめた。これらの用語もあわせて

学んでほしい。

2 検査，測定

　教育評価 (educational assessment/evaluation) という言葉には，各種の「検査」(test) や「測定」(measurement) という意味が含まれる。「心理テスト」や「知能テスト」のように，検査にかえて「テスト」と呼ぶ場合もあるが，学校の成績をつけるためのテスト (第3節で扱う) とは，意味がやや異なる。歴史をさかのぼれば，学校で成績をつけるためのテストも，もともとは検査や測定から出発してきたものとわかる。国際的な学力調査として知られる PISA (「第4節　調査，コンテスト」を参照) や，各種の資格試験も，検査や測定が基盤にある。

　教職課程の場合，検査や測定に関係する言葉は，主に「教育心理学」や「教育方法学」といった名称の科目で使われる。これらの科目は，専門の各分野に基づくため，独特の「業界用語」，「専門用語」が使われる。この種の用語は，国語辞典に載っている用法とは違う場合がある。以下，順にみていこう。

1　正規分布

　数学，統計学の用語である。心理学や社会学等，社会科学で用いられる各種の分析手法は，正規分布が前提となっている。分布とは，データ (資料) の広がり具合と考えてよい。大量のデータを用いて棒グラフを書き，棒グラフの幅を狭くしていくと，左右対称のなめらかな山や，釣鐘 (bell-shaped curve) の形

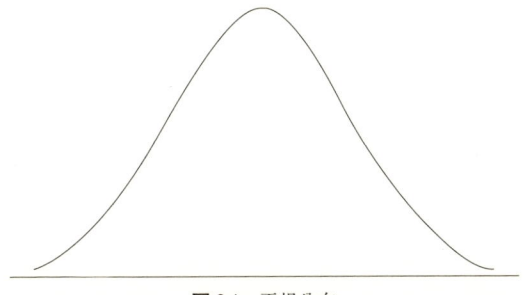

図 6.1　正規分布

に似る場合がある（図6.1）。人間の身長の分布やセンター入試の得点分布等は，図6.1の形に近い。正規分布は，知能検査（intelligence test）を経て得られる知能指数（intelligence quotient：I.Q.）とも関連が深い。ただし，知能検査が知能を適切に測定できているのかどうか，疑問や批判も提起されている。

2　偏差値

図6.1の話は続く。山の高いところが平均に近く，山の低いところは平均から遠くなる。全データの値と個数がわかると，平均を計算できる。平均がわかると，平均と個々のデータとの間のズレ（隔たり）を計算できる。このズレを偏差という。この偏差が，受験で一喜一憂した偏差値の基本となる。平均が50となるよう偏差を調整した値を，偏差値と呼ぶからである。詳細は略すが，データ全体の分布を正規分布とみなせる場合，偏差値40から60の間に，データ全体の約68％が含まれる。ゆえに偏差値61以上（または39以下）は，全体の約7割には含まれない，やや例外的なデータといえる（偏差値61以上は上位の約15％，偏差値39以下は下位の約15％に，それぞれ相当する）。

> 関連用語：標準偏差，分散，z得点，T得点

3　評価

評価という言葉は，本来は価値判断を含む。ただし専門分野によっては，評価といっても，検査や測定に近い意味で用いられる。試しに，「官能評価」（sensory evaluation）という語を，インターネットで検索してみてほしい。

評価に相当する英語は，"evaluation"と"assessment"とがある。前者は"value"が語源にあり，文字通り「価値づける」意味がある。後者は「査定」や「見積もり」という意味をもつ。双方の違いを，語源や単語の意味だけで判断するのは，不十分である。なぜなら，それぞれの言葉が，どの国のどういう教育制度でどんな歴史を背景に使われてきたかによって，意味が大きく変わるからである。詳細は他書に譲るが，"evaluation"は主にアメリカ合衆国（以下，アメリカ），"assessment"は主にイギリス（連合王国）で，それぞれ用いられてきた。同じ英

語圏の国でも大統領制と立憲君主制との違いがあるように，国によって評価を意味する用語も異なる。さらに近年のアメリカでは，"evaluation"への批判から，"assessment"を積極的に用いるに至った経緯がある。

この節の始めで，国際的な学力調査の例として，PISAを挙げた。PISAは"Programme for International Student Assessment"の略称である。文部科学省のホームページによると，PISAは「生徒の学習到達度調査」と訳される。このようにPISAでは，"evaluation"や「評価」ではなく，"assessment"や「調査」を用いる。PISAは，経済協力開発機構（OECD, Organisation for Economic Co-operation and Development）の一事業である。OECDの本部は，フランスのパリにある。細かいことだが，Organisationはイギリス英語の綴りで，アメリカ英語はOrganizationである。このようにOECDはヨーロッパと関係が深く，"assessment"を用いるPISAもまた，一定の地理・歴史的な条件下にあるといえよう。

4 相対評価と絶対評価

相対評価は「みんなで背比べ」，絶対評価は「個別に視力検査」を例にすると，違いがわかりやすい。「みんなで背比べ」の場合，誰が一番高いか順位をつけられるし，個々人の身長が測定済みであれば，平均も計算できる。このとき，「みんな」の指す範囲が，クラス内か，バスケットボールの選手たちか，それとも日本全国の人びとかによって，平均や個人の順位は当然異なってくる。一方，「個別に視力検査」の場合，たとえばランドルト環（「C」のような切れ目の入った印）が並んだ表を眺め，切れ目が見えたところまでで，「0.1」や「1.0」といった視力が決まる。この場合，人と比べる手続きは不要であり，ランドルト環を並べた表が，絶対的な基準となる。つまり，相対評価は「みんなで比べないとわからない」，絶対評価は「みんなと比べても意味が無い」，といえる。詳しい説明は，次に続く。

5 集団準拠評価と目標準拠評価

相対評価は，集団準拠評価 (norm-referenced assessment/evaluation) と，ほぼ同義とされる。集団準拠評価は，集団をよりどころとする評価，という意味である。原語 "reference(d)" には「参照」(照らし合わせる，比べてみる) という意味もあるので，大勢で比べてみる評価，と考えていい。"referenced" を "based" と置き換える場合もあるが，意味に大きな違いはない。

一方，絶対評価は，目標準拠評価 (criterion-referenced assessment/evaluation) とも呼べる。「個別に視力検査」の例でいえば，視力は他人と比べて決まるわけではなく，眼前に示された視力検査の表が，あらかじめ定められた基準 (criterion, standard) となる。つまり，目標準拠評価は，何らかの基準をよりどころとする評価，という意味である。私見だが，原語 "criterion" を「目標」とするのは，やや意訳し過ぎな感がある。とはいえ，歴史のある業界用語なので，仕方がない。こちらも "criterion-based" と記される場合がある。

こうみると，相対評価 (≒集団準拠評価) は偏差値によく似ている，とわかるだろう。相対評価は実際，通知表の「5段階評価」で用いられてきた。図6.2に例を示す。図中，「1」から「5」までは同じ人数を割り当てず，「3」が最多人数 (=平均Mに近い) とわかる。一方，絶対評価 (≒目標準拠評価) は，通知表の観点別評価 (第3節で後述。「よくできる，できる，もう少し」等) や，一定基

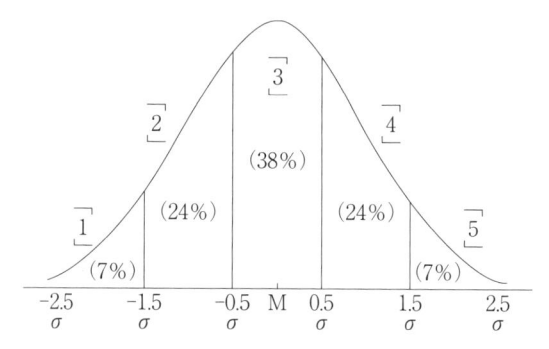

図6.2 正規分布における5段階評価
(出所：辰野他編，2006：83)

準に達すれば全員合格も可能な資格試験に近い、といえる。

> 関連用語：集団基準準拠検査（NRT），目標基準準拠検査（CRT）

6　個人内評価

「みんなで背比べ」の他に，「過去の自分と背比べ」という場合もありうる。ソフトボール投げの自己ベスト記録が前よりどれだけ伸びたか，練習を重ねて計算問題を解く早さを何秒縮められたかといった，個人内の進歩や成長を考えてみればいい。この「過去の自分と背比べ」を，「個人内評価」と呼ぶ。個人内評価は，クラスの平均からみてどれくらいの順位かといった集団準拠評価とは，明らかに関心が異なる。どちらかといえば個人内評価は，集団準拠評価よりも目標準拠評価に近い。「過去の自分」こそ，乗り越えるべき目標となるからだ。

③　通知表，入試

　読者諸君はこれまで，学校でたくさんのテストや試験を受けてきたはずだ。ほとんど受けなかったという人も，多少はいるかもしれない。そういった人は個人的な事情があったり，独自の教育方針をもつ私立学校の卒業生だったりするはずだ。

1　選別と配分

　教育社会学という分野では，学校教育の重要な機能として，「選別（選抜）と配分」に注目する。これは，〈表向きはきれいごとを並べるけど，学校教育って結局，テストや何かで勉強のできる子とできない子をはっきりさせ，見合った進学先や勤務先に割り振るのが仕事だ〉，という見方である。近年，〈しかもその仕組みは，個人の能力というより，家庭の経済力に左右されるだろう。塾通いや習い事，学費だってタダじゃない〉と，所得格差と学ぶ機会の関係が注目されている。確かに学校のテストや試験には，教育的な面だけでなく，卒業後の社会生活に向けた競争という面がある。この面は現実として無視できない。

例として，校内なら成績順位の公表や特進・一般といったクラス分け，校外なら入学試験の合否や「学歴」への関心を，それぞれ挙げられる。

　学校のテストや試験には，各種の「掟（おきて）」もある。いわゆるペーパーテストの場合，「他人の答案を覗き込んだり，相談したりしてはいけない」「答案には，自分の名前を書かなければならない」「各自の答案は先生が採点し，点数がつけられる」「点数を基準として，何かが決められる」「点数によっては，叱られたり，ほめられたりする」…数々の掟がある。これらの掟は，小学校入学時，人によってはもっと前から，繰り返しテストや試験を受け，自然と体得し（させられ）てきたものだろう。それは結局，知ってか知らずか，選別と配分の仕組みに乗ってきたからともいえる。

2　観点別評価

　各教科等の成績を，100点満点の評点や5（または10）段階等の評定で表し，まとめて評価する場合がある。他方，各教科等をいくつかの観点に分け，観点ごとに評語（例：「優，良，可」，「よくできる，できる，がんばりましょう」）を付け，評価する場合もある。この後者を観点別評価と呼ぶ。執筆の時点（2013年夏）では，文部科学省により，「関心・意欲・態度」，「思考・判断・表現」，「技能」および「知識・理解」の4観点が設けられている（ただし「表現」のように，教科によって多少扱いが異なる場合もある）。

3　通知表

　学校のテストや試験は教育評価の一部であり，すべてではない。テストや成績，出欠の記録を含め，各種の評価結果を総合して，通知表が作成される。通知表は学校が作成し，保護者とやりとりする。通知表は「通信簿」や「あゆみ」等，学校や地域によってさまざまな呼び名がある。通知表の記載事項も一定しない。なぜ通知表の名称や記載事項は統一されていないのか。それは，通知表には法的な作成義務がないからである。教育方針として通知表を出さない学校も，ありうる。読者諸君の通知表は，どうだっただろう。

4 指導要録

児童生徒が学校に在籍していた期間の出欠や成績の記録は，指導要録という文書に毎年記され，学校に保存される。指導要録には法的な作成義務がある。この点，通知表とは性格が明確に異なる。以下，関連する条文を示す（下線は引用者による。学校教育法は国会で決める「法」，学校教育法施行令は内閣が決める「政令」，そして学校教育法施行規則は，文部科学省が定める「省令」）。

○学校教育法施行規則（昭和22年5月23日文部省令第11号，最終改正：平成24年3月30日文部科学省令第14号）

第二十四条 校長は，その学校に在学する児童等の指導要録（学校教育法施行令第三十一条に規定する児童等の学習及び健康の状況を記録した書類の原本をいう。以下同じ。）を作成しなければならない。
○2 校長は，児童等が進学した場合においては，その作成に係る当該児童等の指導要録の抄本又は写しを作成し，これを進学先の校長に送付しなければならない。
○3 校長は，児童等が転学した場合においては，その作成に係る当該児童等の指導要録の写しを作成し，その写し（転学してきた児童等については転学により送付を受けた指導要録の写しを含む。）及び前項の抄本又は写しを転学先の校長に送付しなければならない。

第二十八条 学校において備えなければならない表簿は，概ね次のとおりとする。
一 学校に関係のある法令
二 学則，日課表，教科用図書配当表，学校医執務記録簿，学校歯科医執務記録簿，学校薬剤師執務記録簿及び学校日誌
三 職員の名簿，履歴書，出勤簿並びに担任学級，担任の教科又は科目及び時間表
四 指導要録，その写し及び抄本並びに出席簿及び健康診断に関する表簿
五 入学者の選抜及び成績考査に関する表簿
六 資産原簿，出納簿及び経費の予算決算についての帳簿並びに図書機械器具，標本，模型等の教具の目録
七 往復文書処理簿

> ○2　前項の表簿（第二十四条第二項の抄本又は写しを除く。）は，別に定めるもののほか，五年間保存しなければならない。ただし，指導要録及びその写しのうち入学，卒業等の学籍に関する記録については，その保存期間は，二十年間とする。
> ○3　学校教育法施行令第三十一条の規定により指導要録及びその写しを保存しなければならない期間は，前項のこれらの書類の保存期間から当該学校においてこれらの書類を保存していた期間を控除した期間とする。

　引用から指導要録は，「児童等の学習及び健康の状況を記録した書類の原本」で，校長が作成し，進学や転校時に引き継がれ，学校が備えなければならず，長期保存すべき「表簿（ひょうぼ）」である，といえよう。表簿は辞書でもあまり見ない言葉だが，この場合は法規に基づく「公簿」の一種とされ，具体的には帳簿，帳面，冊子を指す。入学試験で話題となる「調査書」（いわゆる「内申書」）は，おおよそ指導要録に基づいて作成される。

　現実には，校長先生単独で，全児童・生徒分の指導要録を作成するのはかなり困難である。そこで，各学級やホームルームの担任は，児童・生徒の指導要録を作成して校長先生に提出するよう求められる。指導要録は通知表とは別に作成され，学校に長期保存される。指導要録は数年にわたる個人情報の集積物なので，厳重に保管しなければならない。

5　ポートフォリオ評価とルーブリック

　1998（平成10）年の学習指導要領で，教科ではない時間として，「総合的な学習の時間」が導入された。2001（平成13）年には指導要録が改訂され，目標準拠評価が採用された。この頃，いわゆるペーパーテストへの異議申し立てや，相対評価への批判も広まった。その結果，ポートフォリオ評価（portfolio assessment）が注目され，関連してルーブリック（rubric）という語も用いられるに至った。

　ポートフォリオ（portfolio）はもともと，「書類入れ」や，芸術家の「作品集」を指す。ルーブリック（rubric）は「評価指針」とも訳され，評価の目安である

と同時に，学習課題を明示し共有する役割をもつ。この双方を活用するのが，ポートフォリオ評価である。事前に公開された「評価指針」に沿って学習を進め，学習の過程で生じた記録やメモ，プリント，作品等を「書類入れ」に集積する。一定期間後，「評価指針」に沿って「書類入れ」の内容を整理検討し，評価する。したがって，ポートフォリオ評価に近いイメージは，「一夜漬け」のような試験勉強よりも，観察記録や作品集等の審査だろう。

　読者諸君にもなじみ深い，教職課程を例にとろう。新たな教職科目（必修）として，「教職実践演習」が設けられた。教育実習後の履修が標準とされ，4年制大学では2013（平成25）年度の秋から，本格的に開講されている。教職課程の履修者は，教職実践演習に先立ち，全教職科目の履修歴をまとめた「履修カルテ」を作成する。「履修カルテ」の呼び名，様式や媒体（紙かデジタルか）等の詳細は，各大学に委ねられている。この「履修カルテ」は，一種のポートフォリオである。「履修カルテ」をどう評価するか，それを文章で示した区分は，ルーブリックの一種と呼べるだろう。

関連項目：真正の評価（authentic assessment），パフォーマンス評価

6　指導と評価の一体化

　順調に教職課程を履修すると，教育実習が待っている。教育実習生は，研究授業をすることがある。読者諸君も研究授業のために指導案を書き，それを指導者の先生がこまごまとチェックするかもしれない。指導案は一見，教育評価と関係がなさそうだが，実は「大アリ」である。なぜなら，学校の学習指導は結果や成果の評価と切り離せない，とされるからである。この，指導から評価へ，そして評価から指導へと行き来する考え方は，「指導と評価の一体化」という言葉で示される。「指導と評価の一体化」を重視すれば，一コマ分の指導案でも，具体的に何を評価の資料とするか，その資料を評価する観点や基準は何かを，きちんと明記すべきだ，という主張に至る。「指導と評価の一体化」には，評価は児童生徒の成績をつけるだけでなく，次回以降の指導に生かすためにある，という考えがある。指導案の実物を見たら，「めあて」と「評価」

に注目してほしい。

7　ゴール・フリー評価

「指導と評価の一体化」は確かに重要だが，教育評価のすべてではない。昔の先生のギャグや口癖，身振り等を，読者諸君は覚えているはずだ。このように教授者が意図的に指導しない事柄からも，学習者は何かを学ぶ。そもそも教育実践には多くの不確定要素があり，常に予測不能だ，ともいえる。この点，「指導と評価の一体化」という主張は，合理的かつ効果的に評価できる反面，指導がもたらす「意図せざる結果」(unanticipated consequence) や「副作用」(side effect) には目を向けにくい。

某校が教科Xの成績向上を目標に掲げ，生徒を特訓して丁寧にテストで評価し，目標を無事達成できたとしよう。某校としては確かに当初の目標を達成できたが，結果的に多くの生徒が教科Xを嫌い，テストがないなら勉強しないという雰囲気を強めたかもしれない。とすると，目標達成のための合理的な手続きは，皮肉にも「X科嫌い」や「テストなければ勉強せず」という，当初なかった別の目標も達成し（てしまっ）たことになる。「X科の担当教員嫌い」も，十分起こりうるだろう。

事前の目標や意図を度外視して，起こった結果に注目する評価法がある。そのひとつが，「目標にとらわれない評価」とも呼ばれる，ゴール・フリー評価 (goal-free evaluation) である。これは「目標無しの評価」や「何でもありの評価」ではない。事前の目標や意図ではなく，当事者のニーズを評価の基準とする評価法である。前の例でいえば，某校の目標ではなく，特訓を受けテスト漬けにされた生徒の立場を取るわけだ。類例を挙げよう。製作側の開発コンセプトを知らなくても，消費者は自動車の乗り心地について，あれこれ意見をいえるはずである。もうひとつ。美術館の来場者は，作者の狙いがわからないと，絵画や彫刻の好き嫌いを判断できないだろうか。さてここで注意。ゴール・フリー評価が切れ味を発揮するのは，目標を重視した実践が十分に行われた場合に限られる。事前の目標や意図があやふやな場合は，まずそこをきちんとすべ

きだろう。

8 評価の型

学校のテストは，順位や成績をつけるために行う場合もあるが，学習状況の確認と学習活動の改善のために行うという見方もできる。前者のように「決定」を目的とする評価を「総括的評価」(summative evaluation/assessment)，後者のように「チェックと改善」を目的とする評価を「形成的評価」(formative evaluation/assessment) と，それぞれ呼ぶ。これらに，主に学習活動に先立ち行われる，「診断的評価」(diagnostic evaluation/assessment) を加える場合もある。語学や実技の授業を始める前に，クラス分けのテスト (placement test) を受けることがある。これは診断的評価の例といえる。学校で小テストや定期試験を受けた児童・生徒が，できなかったところや苦手な内容を学習し直す場合，その小テストや定期試験は形成的評価と呼べる。教員が小テスト等の結果をもとに，補習をしたり以後の学習指導を見直したりする場合も，形成的評価の活用例といえる。

9 入学試験

入学試験は，前述した評価の型のどれにあてはまるだろうか。受験者の学力検査に基づき，実施主体が合格・不合格を「決定」し選抜する場合，入学試験は総括的評価と呼べる。通常，個々の入学試験は「落ちたらそれまで」で，合否決定後に不合格者が「改善」する機会はない (出題ミスや採点ミスの指摘を除く)。その意味で，教員採用試験や入社試験も総括的評価である。ただ不合格者は，「決定」後でも，次に向けて改善する機会がある。不合格の原因を分析し，改善して次に合格した場合，総括的評価をもとに形成的評価をうまく行ったといえる。何か評価を受けた時，そのまま終わりにするのか，次の改善にうまく役立てるのかは，評価を受けた人の意思次第である。

4 調査，コンテスト

　ここから読み始める読者は，あまりいないのではないだろうか。ともあれ，教育評価は多様な面をもつ。「第2節 検査，測定」には，教育評価の統計学的な側面が見える。「第3節 通知表，入試」では，教育評価のなかでも，学校の学習指導との結びつきが強い。その点，「第4節 調査，コンテスト」では，教育評価の制度的，社会的な影響をうかがえる。その意味で，本節の内容は，第3節の入試の箇所と，一部通じるところがある。

1　調査

　学校ではさまざまな「調査」が行われる。各種調査の結果をもとに，何らかの判断を行ったり，企画立案をしたりする場合がある。このように調査は，結果の取り扱いまで広く含めれば，教育評価の一部を成すとみなせる。そもそも，十分な測定や調査を欠いた評価は，証拠に乏しく信用できない。

　文部科学省のホームページには「統計情報」があり，さまざまな学校に関わる調査を紹介している。表6.1に抜粋してまとめた。なお，「教職員に係る懲戒処分等の状況の調査」以外は，すべて「統計法」という法律を根拠とする。

　この他にも各教育委員会や各学校で，さまざまな調査が実施されている。各学校はもともと各種の調査や検査で手一杯なので，大学生が卒業研究で質問紙調査（questionnaire 「アンケート調査」は不正確）に協力してもらおうと思っても，学校関係者から色よい返事をもらえない場合もある。個人情報に関わる内容であれば，なおさらだろう。

2　学力調査

　学校の調査の一種として，学力調査も行われる。これは，個人の成績をつける定期テストや入学試験とは別もので，国や地域（市町村，都道府県等），そして学校を単位とした学力状況を把握するために行われる。表6.2に代表的な学力調査を示す。もちろん表の他，各地域で独自の問題を開発し，学力調査を実

4 調査, コンテスト　　125

表 6.1　文部科学省が実施する調査 (抜粋)

調査の名称	調査の目的	調査の対象等	調査事項
学校基本調査	学校に関する基本的事項を調査し, 学校教育行政上の基礎資料を得ることを目的とする。	対象：学校教育法で規定されている学校, 市町村教育委員会 抽出：全数調査 周期：毎年	学校数, 在学者数, 教職員数, 学校施設, 学校経費, 卒業後の進路状況等
学校教員統計調査	学校の教員構成並びに教員の個人属性, 職務態様及び異動状況等を明らかにすることを目的とする。	対象：幼稚園, 小学校, 中学校, 高等学校, 中等教育学校, 特別支援学校, 大学, 高等専門学校, 専修学校及び各種学校の教員 抽出：全数調査（一部抽出） 周期：3年ごと	1　学校調査 　(1)性別, 年齢別, 職名別本務教員数 2　教員個人調査 　(1)性別, 年齢及び職名　(2)学歴, 勤務年数　(3)教員免許状の種類　(4)週担当授業時数　(5)給料月額 3　教員異動調査 　(略)
児童生徒の問題行動等生徒指導上の諸問題に関する調査	生徒指導上の諸問題の現状を把握することにより, 今後の施策の推進に資するものとする。	対象：調査事項によって異なる 抽出：全数調査 周期：毎年	1．小学校, 中学校及び高等学校における暴力行為の状況 2．出席停止の措置の状況 3．小学校, 中学校, 高等学校及び特別支援学校におけるいじめの状況等 4．小学校及び中学校における不登校の状況等 5．高等学校の長期欠席者の状況 6．高等学校中途退学者数等の状況 7．教育相談の状況　　等
大学, 短期大学, 高等専門学校及び専修学校卒業予定者の就職内定状況等調査	大学, 短期大学, 高等専門学校及び専修学校卒業予定の学生・生徒について就職内定状況等を把握し, 就職問題に適切に対処するための参考資料を得る。	対象：国公私立大学, 短期大学, 高等専門学校及び専修学校（専門課程） 抽出：抽出調査 周期：四半期（3か月）ごと	調査対象者の性別, 進路希望（就職希望又は非就職希望の別）, 就職希望者の学校における専攻, 就職希望者が企業等により内(々)定を受けた時期
教職員に係る懲戒処分等の状況の調査（届出統計）	教職員に係る懲戒処分等について, その概要を把握し, 教育職員の勤務状況等に係る指導・改善を行うための基礎資料を得る。	対象：都道府県及び政令指定都市の教育委員会 抽出：悉皆調査（全数調査と同じ意味） 周期：毎年	教育職員に係る懲戒処分, 分限処分等の状況

（出所：文部科学省ホームページ（2013.8.6 閲覧, URL は略）をもとに, 筆者作成。）

施する場合もある。

「国際学力調査の結果，順位が下がった，だから日本の学力は低下している」等と報道される場合，OECD-PISA や IEA-TIMSS の結果がよく言及される。

表6.2　学力調査の例

名称＼観点	実施主体，周期，内容	目的，対象	備考
教育課程実施状況調査	文部科学省（国立教育政策研究所 教育課程研究センター），学校段階や教科により変動，国社数理（英）の各教科が中心	目的：学習指導要領における各教科の内容に照らした学習の実現状況を把握し，今後の教育課程や指導方法等の改善に資する　対象：小学校5・6年，中学校全学年，高校3年，抽出	・ペーパーテストと質問紙調査を併用 ・「通過率」（正答，準正答者の割合）を算出 ・同一問題による比較が可能
全国学力・学習状況調査	文部科学省，毎年，「教科に関する調査」（国語と算数・数学（平成24年度では理科を追加），主に知識に関するA問題，主に活用に関するB問題）と，「生活習慣や学校環境に関する質問紙調査」	目的：義務教育の機会均等とその水準の維持向上の観点から，全国的な児童生徒の学力や学習状況を把握・分析し，教育施策の成果と課題を検証し，その改善を図る。そのような取組を通じて，教育に関する継続的な検証改善サイクルを確立する。学校における児童生徒への教育指導の充実や学習状況の改善等に役立てる　対象：小6と中3，抽出方法は備考を参照	・抽出方法は次の通り 平成19-21年 　悉皆（全数） 平成22，24年 　抽出と希望を併用 平成23年 　東日本大震災により調査見送り，希望校に問題冊子を配布 平成25年 　本体調査（悉皆）と追加調査（経年変化分析，家庭状況を勘案等）を併用した，「きめ細かい調査」
OECD-PISA（OECD生徒の学習到達度調査）	OECD（経済協力開発機構），3年ごと，3分野（読解力，数学的リテラシー，科学的リテラシー）	目的：義務教育修了段階の15歳児が持っている知識や技能を，実生活の様々な場面でどれだけ活用できるかをみる　対象：15歳児（高1相当），抽出	・PISA2012を参照 ・「ピザ」と読まれる ・65カ国／地域が参加
IEA-TIMSS（IEA国際数学・理科教育動向調査）	IEA（国際教育到達度評価学会），4年おき，教科の既習事項	目的：児童生徒の算数・数学及び理科の教育到達度を国際的な尺度によって測定し，各参加国／地域の教育制度，カリキュラム，指導方法，教師の資質，児童生徒の学習環境条件等の諸要因との関係を明らかにする　対象：小4と中2相当，抽出	・TIMSS2011を参照 ・「ティムズ」と読まれる ・小学校調査の参加国／地域は52

（出所：文部科学省および国立教育政策研究所のホームページを参照（2014.1.17閲覧，URLは略）し，筆者が作成した。）

しかしこれらの学力調査は参加国が一定しないし，多少の誤差の範囲でも順位がついてしまう。わずかな点差で決まる順位の上下だけに注目しても，あまり意味がない。また，IEA-TIMSS，教育課程実施状況調査，全国学力・学習状況調査のA問題は，教科内容の既習事項を中心に出題される。一方，OECD-PISAや全国学力・学習状況調査のB問題は，学校では習わない，教科に限定されない内容が主に出題される。しかも選択肢や計算による解答ではなく，記述や論述を求める場合が多い。こうした学力調査の違いを無視して，「順位が上（下）がった，どこの県が何番だ」という議論をするのは，あまり有益ではない。どことはいわないが，小中学校の学力調査の順位が高くても，高校の学力や大学進学率となると「あれっ？」……という地域も，現実にありうる。

3　コンテスト

　学力調査はあくまで調査であり，順位を競うコンテスト（競技会）とは異なる。一方，コンテストであると明言して，参加者を募る場合もある。習字や作文，図画工作等の，作品展やコンクール等がいい例だろう。いわゆる学力オリンピックは，コンテストが学力に向かった例である。たとえば日本では，主に高校生を対象とした「国際科学オリンピック推進委員会」があり，ホームページでは国際数学オリンピック，国際物理オリンピック，国際化学オリンピック，国際情報オリンピック，国際生物学オリンピック，国際地理オリンピック世界大会，アジア太平洋地域国際地理オリンピック，および国際地学オリンピックが紹介されている。オリンピックというだけあって，国内予選があり，国別代表が選出される。名称の通り，理系や科学技術に関する内容が中心である。歴史をたどると，20世紀後半，主に旧東欧の社会主義国で開始された場合が多いとわかる。冷戦当時の世界状況からみて，国家のエリート養成という期待も背景にあっただろう。

5　おわりに

　以上，教育評価を大きく三つに分け，その基礎的な内容等を紹介してきた。教育評価は「生徒をテストして点数をつける」だけでなく，さまざまな側面がある。紙幅の都合で取り上げなかったが，教員評価や学校評価も，広い意味では教育評価に含めてよいだろう。

　教員が行うテストの作成や採点，通知表の書き方といった具体的なところを知るには，本を読むだけでは限界がある。これらの実践的な知識は，初任者研修等の実務の場で，先輩教員を通じて伝授されるだろう。

　近年，通知表の誤記や入試の集計ミス，成績データ等の個人情報の紛失や流出が，多々報道される。通知表やテストの結果は，主にパソコンの表計算ソフトを用いて処理される時代である。ポートフォリオもデジタル化され，オンラインで扱われる場合もある。教育評価に関連して，調査・研究や統計の知識はもちろん，ICT スキルや個人情報の扱いへの配慮も，これからの教員には一層求められるだろう。

【根津　朋実】

考えてみよう

1. 「到達度評価」は，本章で紹介した内容のうち，どれと近いだろうか。
2. 教育評価の歴史において，「主観性」はどう扱われてきただろうか。
3. 行政評価や環境評価と，教育評価との共通点は，何だろうか。
4. 授業に対する学習者の評価（授業評価）を活用する際，教師が留意すべき点は，何だろうか。

参考文献

バニアード，P.（鈴木聡志訳）『心理学への異議―誰による，誰のための研究か』新曜社，2005 年

ハート，D.（田中耕治監訳）『パフォーマンス評価入門―「真正の評価」論からの提案』ミネルヴァ書房，2012 年

村上宣寛『「心理テスト」はウソでした。―受けたみんなが馬鹿を見た』日経 BP 社，2005 年

根津朋実『カリキュラム評価の方法―ゴール・フリー評価論の応用』多賀出版，2006 年

サトウタツヤ『IQ を問う―知能指数の問題と展開』ブレーン出版，2006 年

田中耕治編『よくわかる教育評価』ミネルヴァ書房, 2005 年
田中耕治・鶴田清司・橋本美保・藤村宣之『新しい時代の教育方法』有斐閣, 2012 年
田中敏・山際勇一郎『新訂 ユーザーのための教育・心理統計と実験計画法』教育出版,
　2012 年（初版 1989 年, 第二版 1992 年）
辰野千壽・石田恒好・北尾倫彦監修『教育評価事典』図書文化社, 2006 年

文部科学省ホームページ　www.mext.go.jp
国立教育政策研究所ホームページ　www.nier.go.jp
国際科学オリンピック推進委員会　www.jsoc-top.jp

第7章 教師教育の方法
——省察的思考による教師の力量形成とは

1 はじめに——教師教育の方法に関する研究

　教育方法学に関する研究のなかで、1980年代以降に飛躍的に拡大した領域がある。教師教育の方法に関する研究である。

　80年代以降、教師教育についての国際学術雑誌が世界中でいくつも創刊されたし、世界最大の教育学会といわれるアメリカ教育学会（AERA）でも、1984年に教師教育分科会が新設されたとたん、わずか15年で全会員数の五分の一を占める大分科会に急成長した。現在では、国内外の教育方法学において、教師の力量形成の方法に関する研究は重要な主題の一つとなっている。

　教師の力量形成の方法に関する研究の進展は、研究の枠組み自体が大きく転換されたことによっていた。「省察（せいさつ・しょうさつ）」という教師の思考様式こそが教職の専門性の中核にあるという新しい考え方が提唱されたのである。そして日本でも諸外国でも、省察をキーワードにした教師教育改革が進められることになった。しかし一方で、省察という語がきちんと定義されないまま乱用されたため、教員養成や研修の現場ではかえって混乱や弊害がもたらされているという指摘も、世界中で聞かれるようになった[1]。いったい省察とは何をすることなのだろうか。

　本章ではまず、なぜ・どのように教師教育の方法に関する研究が進展し、省察という言葉が注目されるようになったのか、その歴史的経緯を明らかにしよう。そのうえで、そもそも省察とは具体的にどのようなものなのかを、すでに20世紀初頭に教育における省察の重要性を指摘していたデューイの定義にたちかえって整理する。そして最後に、学生や教師の省察的思考を育てる場をつ

くるにはどうしたらよいか，その方法を考察しよう。何が省察か，そして何が省察ではないのかを明確に定義し整理することによって，教師の力量形成に寄与したい。

② 脚光をあびた「省察」

1 教職の専門性に関する研究の進展

教師の力量を向上させるにはどうしたらよいのか。1970年代頃までの西欧諸国では（日本では1990年頃まで），ベテラン教師の技や勘を行動科学的方法で取り出し，教育技術として定式化すれば，教師の力量が向上して教職の専門性が確立されるという考えが主流だった。要するに，どんな教師でも上手に授業ができる方法を明らかにして蓄積しようとする方向で，研究が進められていたのである。さまざまな研究によって，教師の技や教育方法が定式化され，世界各国で無数のパッケージが開発され，普及が試みられてきた。

しかし，数十年の研究の蓄積を経て，いつでも・どこでも・どんな子どもにもうまくいく教育の方法など存在しないことが明らかになってきた。ベテラン教師の教育技術を定式化して普及したとしても，その技術をどんな時に，どのような状況のなかで使えばよいか各教師が判断できなければ役にたたないことが明らかになったのである。

それゆえ80年代以降は，教師が何をどのように考えながら行為しているのかという意志決定過程の研究や，教師がどのような知識をどのように活用しながら授業しているのかといった教師の知識基盤の様式に関する研究が進むこととなった。

教師は，ただ単に「優れた技術」とされる教育方法や，教育内容についての知識をもっていれば，適切な行動がとれるわけではない（図7.1参照）[2]。

目に見える教師の行動や技術は，その教材をなぜ・何のために，いつ・誰に対して，どのように用いるのかといった教師の思考や判断によって，はじめて有効なものとなる。

そして，それら教師の思考や判断は，教材や子どもや教授学習についての知

識によって支えられているだけではない。それら日々の行為の根底には，「自分はどんな授業を目指すのか」といった教師としての信念や子どもに対しての姿勢，ひいてはその教師の生き様そのものが息づいている。教師としての信念や姿勢は，それらを具体化する特定の教授技術や，それを駆使するための思考

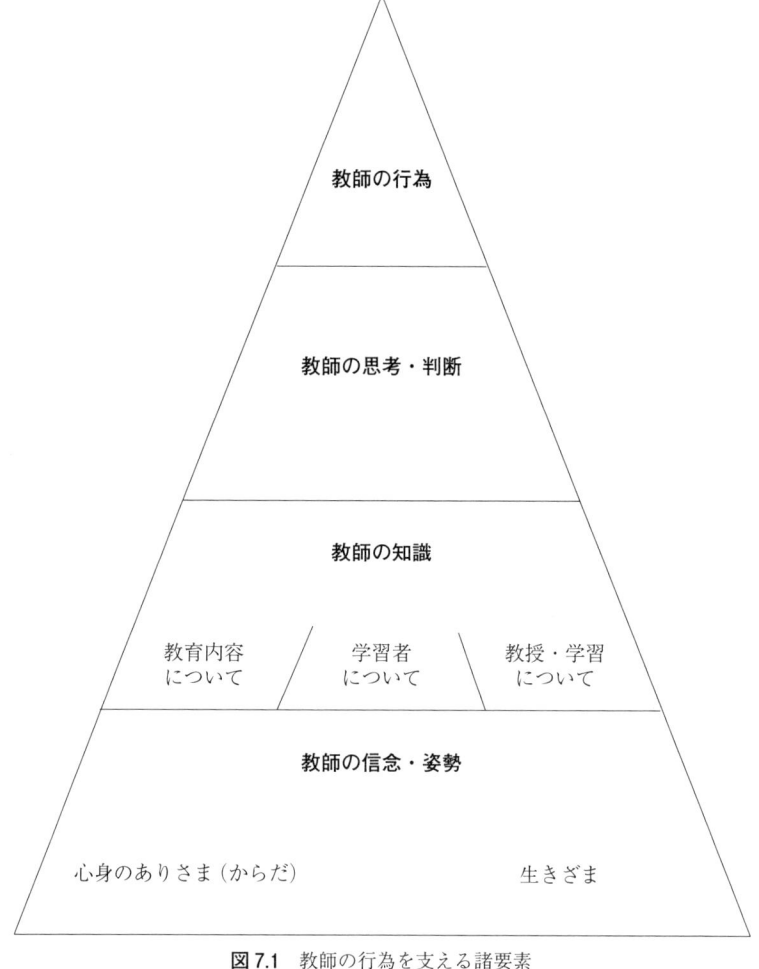

```
                    教師の行為

                  教師の思考・判断

                    教師の知識

          教育内容  │ 学習者 │ 教授・学習
          について │ について │ について

                  教師の信念・姿勢

        心身のありさま（からだ）        生きざま
```

図 7.1 教師の行為を支える諸要素
(出所：Darling-Hammond et al. (1999) を元に筆者が作成)

や判断がともなわなければ実践できないが、知識や信念に基づかない教授技術もまた、有効に用いられることはない、というのである。

2 教職の専門性に関する新しい考え方－「省察」

　以上の教師の知識基盤の研究の進展に加えて、アメリカの哲学者ドナルド・ショーン (Schöne, D.) の専門職研究の登場によって、教職の専門性に関する研究にも大きな影響がもたらされた。

　ショーンは、実際に数多くの専門家が実践を展開する現場を観察し、知識が高度に複雑化した現代社会においては、専門家たちは理論を実践に適用しながら職務を遂行しているのではなく、刻一刻と変わる現場の状況に対処しながら実践していることを明らかにした。一般的に専門家といえば、どんな状況下でも決して迷わずどうすべきかをすでに知っている様子がイメージされるのに対し、実際の専門家たちは、状況に応じて常に迷ったり思考したりしながら、多くの変数を瞬時に考慮しつつ、最善の判断を探っていたのである。つまりショーンは、現代の専門家の専門性の中核は、知識や技術そのものにあるのではなく、いつどのようにその知識や技術を活用するかを実践の最中に状況と対話しながら思考する、思考の様式の方にあることを指摘したのだった。ショーンは、その思考様式を「省察」と呼び、現代の専門家のことを「省察的実践家（または反省的実践家、reflective practitioner)」として再定義したのである。

　ショーンの研究に基づけば、教職の専門性も、教師が覚えた知識や教育技術の量のみによって決まるのではなく、その知識や技術をなぜ・なんのために使おうと考えるのか、またそれらをいつ・どのように使おうと考えるのかといった教師の思考様式によって発揮されることになる。

3 教師教育に関する新しい考え方

　またショーンの研究は、実践における理論と実践の関係も再考していた。ショーンは、さまざまな事例研究を通して、実践家たちは大学で生産された理論を現場に応用しながら実践を行っているのではなく、自らの実践のなかで培っ

た経験や知識や価値観などによって「実践知」と呼べる一種の理論を内在させており，その実践知をもとに，状況を省察しながら実践を行っていることを明らかにした。つまり，どんな実践のなかにも，ある種の理論がすでに埋め込まれているというのである。

ショーンの一連の研究成果にしたがえば，もはや実践の改善にとって重要なのは，実践家に理論を教えてその応用方法を練習させることではなく，むしろ実践家が意識的・無意識的に自己のなかに成立させている「実践知」を，自分自身で対象化し省察できるようにすることのほうが重要になってくる。それゆえ，教職についても，教師や学生が暗黙のうちに自分のなかに成立させている暗黙知を対象化し，自分なりの行動規範や判断基準を省察することによって，教師自身の力量形成を促すことが，世界中の多くの国の教師教育プログラムの焦点となったのである。

しかし上述したように，ショーン自身の研究においては，教師の省察とはいったい具体的に何をすることかは，明確に定義されていなかった。そのため教員養成の現場では省察という言葉が一人歩きする事態になったという批判が，世界各国で聞かれるようになっている。

③ 省察とは何か─デューイの定義

いったい，省察とは何をすることなのだろうか。

本章では省察の定義にあたって，ショーンの研究の拠り所となっていた，アメリカの哲学者ジョン・デューイ (Dewey, J., 1859-1952) の思想を手がかりにしよう。デューイは，すでに20世紀初頭において，教育の根幹としての省察の重要性に着目し，省察を明確に定義していた。彼は，省察こそが人間を他の動物から隔てる知性であるとし，子どもたちを省察できる人間に育てることが教育の目的であると，主張していたのである。

1 「思考」の四種類

デューイにとって省察とは考えること，つまり「思考 (thinking または

thought)」の一形態であった。そして、思考は四つに分類され、最も重要なものが省察だという。

一つめの、最も広義の思考とは、ただぼんやりと頭に浮かんでは消えることであり、ぽーっと思いを巡らすことである。二つめのもう少し狭義の思考とは、見たり触ったり、五感で直接知覚できない対象について思いを巡らすことだという。たとえば、童話作家がファンタジーのあらすじを考えるときに行っているのが、この思考だという。三つめの思考は、なんらかの事実や証拠に基づいて考えることに限定される。これは英語でいう"belief"（考え、信念、所信）と同じ意味なのだが、この信念も、証拠や証言を吟味せずにただ鵜呑みしただけのものである場合がある。

そこでデューイは、根拠を熟慮したうえで一定の考えに思い至ることを、四つめの思考として上の三つと区別し、「リフレクティブ・シンキング（省察的思考または反省的思考）」あるいは「リフレクション（省察）」と呼んだのである。

2 「省察」の定義

そして、デューイは省察を以下のように定義している。

「省察」とは、「何らかの考えや信念、または一定の知識の形態を、その根拠や、示唆されるさらなる推論に基づいて、能動的に、持続的に、そして注意深く、考察すること」である。そしてそれは、「しっかりした根拠に基づいて考えを形成するという、意識的で自発的な試み」である点で、上述の三つの思考形態と異なるという（下線部引用者）[3]。

デューイの定義に基づけば、「省察」とは、「何らかの知識や考えを、しっかりした根拠に基づいて考察する、意識的で能動的な思考のこと」と定義できる。この定義において、「省察（reflection）」と「省察的思考（reflective thinking）」は同義である。

3 「省察」の性質

以上の定義において重要な点を、デューイの定義中の単語を参照しながら、

以下6点を指摘し，何が省察で何が省察でないかを明確にしよう。

(1) 挑戦と失敗に開かれる思考

第一に，上の定義において省察は，「根拠」に基づく思考である。しかも，その根拠すら，必要に応じて「本当に事実なのか？」と問い返す営みなのである。ただ漠然と，常識にとらわれたまま，印象や思いこみに基づいて考えたのでは省察にはならない。省察は，何度でも根拠となる事実に立ち返り，事実と対話しながら考察を深めていくことによって，常識的な見方から私たちを自由にする思考なのである。この点で「校長が言うことは絶対」「先生が言うのだから正しい」などと権威やヒエラルキーを尊重したり，「とにかくこうするものだ」と前例や伝統を重んじたりする場や組織には馴染まない思考といえるだろう。

逆にいえば，省察的思考によってこそ，新しい挑戦が生まれる。常識や慣習に縛られ，なにも考えずに決まり切った仕事を惰性でこなしているだけでは，新しい可能性は生まれない。慣習的行動を意識化し，常識をうたがい，たちどまって考えることができるようになって，はじめて新しい世界が開かれる。たとえ失敗したとしても，なぜ失敗したのかを省察することによって，次に生かせるようになる。デューイは，省察的思考によって，人間は「失敗する可能性にひらかれ」，試行錯誤を重ねて向上できるようになるのであり，省察こそが人間の「知性」なのだというのである。

(2) 複眼的な思考

第二に，省察は「注意深く」事実を検討する思考である。複眼的に検討する思考と言い換えてもよい。どんな考えも鵜呑みにせず，またあらゆる前提を当たり前のものとせず，常に「別の目」をいくつも持って，常に別の角度から「本当に？」「なぜ？」「なにか見落としていることはないか？」などと問う思考である。

この点で，ごく普通の教師にとっては，省察はなかなかやっかいなシロモノであることがわかる。もしも本当に生徒に省察を教えたいなら，教師自身が言うこともすべて「なぜ？」「本当に？」という質問にさらされなければならな

いからである。「私の言うことだから正しい」「教科書に書いてあるから正しい」「とにかく覚えなさい」といった説明も指示も、省察的でない。たとえば、いま本稿を読んでいる読者が「なるほど、省察とはそういうものなのか」と鵜呑みにするのなら、本稿の意味は全く理解されていないことになる。「筆者はこう書くが、本当にそうなのか？」と考える思考こそが省察である。

(3) 根底から再検討する思考

　第三に、このように省察は事実のとらえ方、つまり「考え」や「知識」そのものを相対化して検討する思考だという点である。自分の考えのよって立つ土台そのものを再検討する作業であり、自分に跳ね返ってくる思考といってもよい。本稿で省察と訳している"reflection"という英単語は、ラテン語の「reflectere（曲げ返す）」を語源とし、「もう一度・もとへ (re-)」「曲げる・はね返る (-flect)」という語から成り立っており、それゆえ現代英語では「反射する・（鏡などが人や物の像を）映す・熟考する」という意味をもつ。つまり省察は、自分の考えや行動を棚上げにして無責任に何かを考えるのではなく、自分自身の考えや行動も必然的に考察の対象となってしまうような性質の思考なのである。

　教職に即して具体的にいえば、省察は、それぞれの学生や教師が教職経験のなかで培ってきた、教育や子どもに関する考え方や判断の仕方そのものを、具体的な事実に即して再検討する思考、ということになる。つまり教師自身の考え方や自分なりに培ってきた知識など、その教師の実践を意識的・無意識的に成り立たせている実践知を対象化する営みが、省察なのである。

　教職経験のない学生であっても、同様である。どんな学生であっても、「こんな教師になりたい」「こういう教育をしたい」「子どもとはこうかかわるべき」などという、その人なりの教育や子どもに関する考えは必ずある。たとえば「理論なんか実践の役にたたない」というのもまた一つの理論であろう。それら教育観、授業観、子ども観、学校観、社会観といった考えそのものを対象化する思考が、省察ということになる。

　この点で省察は、時に人を激しく孤独にする。どこかで聞いたフレーズを繰り返し、常識的な考え方をしているあいだは「誰かと同じ」という安心感を得

ていられる。あるいは、あの人が言うことだから間違いない、と誰かの言うことを受け売りしていれば、たとえ間違ってもその人のせいにすればよい。しかし、ひとたび省察的思考を始めれば、教科書も新聞も大学教授の言うことも、ひとつの事実や情報にすぎなくなる。それらを、世界に二人といない自分はどう考えるのか、自分のその考えは間違っていないのかを、常に問われることになるからである。

しかし省察は、人と人との連帯を断ち切ったりはしない。逆にホンモノの省察は、自分の頭で考えようとする人びとのコミュニティのなかでこそ培われ、人と人とを信頼で結んで「民主主義」の核となってゆくとデューイはいうのである。

(4) 能動的な思考

第四に、省察は自分の意思で「能動的」に行う思考だという点である。「馬を水際に連れて行くことはできても、水を飲ませることはできない」という英語のことわざがあるように、子どもや学生に省察するきっかけを与えることはできても、省察を「させる」ことはできない。強制されてイヤイヤながら考えているという類の思考は、もはや省察とはいえない。

この点は、省察がブームとなってしまった世界各国の教師教育において、重要な課題となっている。教師の養成や研修の場で、学生や教師に省察をさせようとするプログラムが横行するようになってしまったからである。

(5) 揺れ続ける思考

第五に、省察はいつでも考えを改める可能性に開かれた思考だという点である。上のデューイの定義に含まれている「信念(belief)」という単語は、日本語では「かたく信じて動かない考え」といった含意を含みがちだが、省察は違う。一度省察して辿り着いた考えであったとしても、新しい事実や疑問に直面すれば、それらを再び検討の対象とするきわめて柔軟でしなやかな思考なのである。「flexible(柔軟な)」という英単語も、「reflection(省察)」と同じ「flex(曲げる)」を含んでいることにもあらわれている。ちょうど高層ビルがあえて揺れることによって耐震性を保つように、省察的思考もあらゆる考えを絶対化せ

ず，常に揺れ続け，探究し続けることによって，信頼性を維持する思考なのである。

(6) 持続的な思考

第六に，だからこそ省察は一度始まってしまったら止まらない「持続的な思考」であり，省察が可能な人にとってそれは「精神の習慣」なのだということである。後述するようにデューイは，省察的に思考する人間を育てるためには，省察を習慣化する環境を整えることが最も重要と指摘していた。

4 省察の方法

以上の意義をもつ省察とは，では実際の教師の力量形成のプロセスにおいて，実際には何をどのように行う思考のことなのだろうか。具体的事例に即して描き出してみよう。

1 省察のプロセス

デューイは，省察の実際（何をどのように省察するかの具体）は，事例によって異なることを強調している。直面している問題が，「何を」「何のために」「どのように」省察するかを規定するからである。つまり，「こうしてああすれば確実に省察になる」という技術や方法（ハウ・ツー）は存在しないのである。

つまり，何をどのように省察するか，その方法を一般化することは困難なのである。しかし，その困難さを確認した上でデューイは，省察的思考のプロセスを五つの段階に分けて整理していた。①困難な問題に直面すること，②問題の性質を定義すること，③可能な解釈を連想すること，④解釈の妥当性を検討すること，⑤行動によって仮説を検証すること，である。以上のデューイの整理を参考にしながら，省察のプロセスを，教職の事例に即して筆者なりに描出してみよう。

2 省察の過程―ある初任教師の事例から

初任教師A（以下A先生）の授業中，生徒B君はあくびをし，机の上に伏せ

てしまった。A先生は「B君はやる気がないな」と思ったが,そのまま授業を続けた。そして授業終了後,自分の授業を振り返り「ああ,生徒が寝てしまうなんて,私の授業はつまらなかったんだ,私はダメだなあ」と落ち込んだ。さて,このA先生の思考は省察といえるだろうか。

(1) 省察は具体的な問題状況から始まる

まず省察は,困難な状況に直面することから始まる。上の事例でいえば,そもそもA先生が「生徒Bがあくびをしている」という事実を見ても,全く気にも留めずにいたら,そこから省察が始まることはない。その意味で,A先生はすでに省察の入り口に立っていることになる。

困ったり疑問に思ったり悩んだりするからこそ省察が始まる,というデューイの指摘は,三つの意味で重要である。第一にこれは,どんなにすばらしい教育技術を駆使しているようにみえても,迷うことや悩むことを忘れた教師たちは,省察していない教師だという指摘に等しい。換言すれば,「問題教員」とは,困った状況に直面できない教師,あるいは問題を問題として認識できない教師のことなのである。

第二にこの指摘は,教師の思考力を向上させたいなら,その教師が日常で直面している具体的な問題状況こそが最適の研修課題であり,その具体的な問題状況を共有する同僚がいる場所こそが最適の研修場だという指摘と解釈できる。わざわざ具体的な問題状況から引き離して一般論の講義を聞かせたり,大学や研修センターで「さあ省察せよ」と促したりしても,教師の省察が促されるとは限らないのである。

第三にこれは,教職をめざす学生たちについても同様で,ただ学生を現場に連れて行くだけでは省察は始まらない,という指摘に等しい。学生自身が訪問した教室の問題状況に直面して何かを疑問に思ったとき,あるいはその場で教師が何に困ったり迷ったりしていたのかを共有したとき,はじめて省察が始まる。私たちは経験によって学ぶのでなく,経験について思考することによって学ぶのであり,「学習とは,思考を学習すること」なのである[4]。

(2) 何が問題かを探る

　省察の第二段階は，直面する問題は何かを探ることである。私たちは，すぐに「よい」「よくない」と評価したり，「こうすべきだ」とすぐに答えを出したりしがちだが，思考を深めるためには，「判断をいったん留保することが最も大事」だとデューイはいう。

　「生徒Bがあくびをした」という事実を，困った問題として認識したとしても，A先生のように，「やる気がない」とすぐにB君を否定したり，「私の授業はつまらない」と自己否定したりするのなら，省察しているとはいえない。省察とは，短絡的に評価を下す前に，事実を描写し，何が問題かを思考することである。

　現在の学校では一般に，一方的に問題が与えられ，あらかじめ用意されている正答を探すことが教育とされている。しかし実社会で直面するのは，そもそも何を考えたらよいか自体がわからないという問題状況である。たとえば教職に行きづまり，教師を辞めたいという思いが湧き上がるとき，「辞める」「辞めない」のどちらが本人にとって正答かは誰にもわからない。正答よりも先に必要になるのは，「自分は何に疲れているのか」「いつからこんな状況になったのか」など，何が問題なのかを探ることの方であろう。このように省察とは，答えを探す営みではなく，いったん立ち止まって直面している問題の正体を見極める営みなのである。そうやって，子どもが自分で思考できるようにする営みこそが教育であると，デューイは力説している。

(3) 妥当な解釈を連想する

　第三段階は，事実関係を慎重に描写し，可能な解釈をたくさん連想することだとデューイはいう。「よいか」「悪いか」といった結論や評価の前に，「何がおこっているのか」「なぜそうなのか」といった，5W1Hで始まる問いをたて，考えられる可能性を複眼的に思考する作業である。

　A先生の事例に即して可能な解釈を連想してみよう。あくびをしたB君は本当に「やる気がない」のだろうか。たとえば「やる気はあるけど眠いんだ」というように，前日の睡眠不足をあらわしていた可能性はないのか。そうだと

すれば，その睡眠不足は生活習慣の乱れを意味しているのか，それとも早朝に新聞配達をしているというような苦しい経済状況を意味しているのか。もしも後者ならば，解決を必要とする困った問題は，彼の家庭や，その背後の社会的状況の方にもあることになる。

あるいは，B君が実際に「やる気がない」のだとしよう。そうだとすれば，それは何故なのか。授業の内容が理解できないからやる気が起きないのか，それとも，授業内容は理解できるけれど「なんでそんなこと勉強しなくちゃいけないの」と，授業の意義がわからないからやる気が起きないのか。後者なら問題はB君の学習意欲ではなく，授業の構成のほうにあることになる。

前者だとしても，問題はB君の怠慢や能力の低さにあるとは限らない。なぜB君は授業内容が理解できない状況におちいっているのか。もしかするとB君は家庭状況が複雑で，それまでずっと落ち着いて学習できない環境に置かれ続けてきたのかもしれない。あるいはB君は，今まで出会った教師たちに「出来ない子」と烙印を押され，軽蔑のまなざしを受け続けてきたのかもしれない。B君自身が「どうせ俺なんかダメなんだ」と思い込まされてきたとすれば，授業を受けようとする意欲を放棄するほうが，むしろ自然な成り行きであろう。この場合なら，問題はB君の怠慢にあるというよりも，彼自身の自尊感情が傷ついていることのほうにあるということになる。

また別の角度から考えれば，B君のあくびは，A先生が解釈した「やる気がない」とは異なる方向で解釈できるかもしれない。B君は本当は眠くないのにわざとあくびをして，「寝たふり」をしてみせていた可能性はないか。だとすれば，B君のあくびは，彼に対するA先生の関わり方への不満や反抗を表しているのかもしれないし，あるいは「もっと僕に注目してよ」というA先生への期待を表現しているのかもしれない，ということになる。

さらに別の角度から考えれば，問題はB君でなく，むしろA先生の方にあったのかもしれない。A先生の授業は本当に「つまらない」のだろうか。だとしたら，どこがどう「つまらない」のか。教材解釈がつまらないのか，授業の組み立てか，プレゼンの仕方か，生徒との関係か。あるいはそのほかの理由

か。

そもそもA先生は、なぜB君のあくびに目をとめたのに、なぜそのまま何の対応もせず授業を続けたのだろうか。たとえばA先生にとっては授業の内容よりも授業中の秩序の維持の方が大事だったとか、B君のことより後ろで見学している校長に自分がどう思われるかのほうが気がかりだった、という連想も可能である。そうだとすれば、問題はB君のあくびというよりは、B君に何の対応もせず結果的にB君を無視したA先生の行為のほうということになるだろう。

以上の連想と解釈はほんの一例であり、事例によって思考すべき課題や考えられる解釈は大きく異なることを再度確認しておこう。しかしいずれにせよ、以上に示したような「連想・示唆(suggestion)」こそが、論理的な省察的思考の核心に位置づくとデューイはいう。

(4) 「事実」と「意味」を往復し、事実の意味をとらえ直す

第四段階は、さまざまな解釈の妥当性を検討し、矛盾なく説明できる解釈にたどり着くことである。この営為は、推論(reasoning)と呼ばれ、省察的思考のプロセス全体を意味することもある。実際には第三段階の解釈と同時進行で行われる場合も多い。

たとえば、B君のあくびが何を意味していたかは、いろいろな解釈を連想しながら、事実関係と照合して妥当な解釈を選んでいくことになる。もしもB君のあくびが、B君の置かれた厳しい家庭環境とアルバイトによる疲労を意味していると考えるのが最も妥当だとすれば、B君はやる気のない生徒としてではなく、大変な状況のなかで頑張って登校を続けている生徒として、再解釈されることになるだろう。そして問題は、B君のやる気のなさにあるのでなく、そういうB君に対する教師たちの無理解の方にあったと、新たにとらえ直されるのである。

以上から明らかなように、省察とは、ある授業について良かった点と悪かった点を列挙することでは全くない。生徒や授業者をほめたり非難したりすることでもない。省察は、評価する営みではなく、そこで起きていた事実の意味を

生成するプロセスなのである。

(5) 問いをたてなおす

最後の第五段階は、再び観察を行い、推論された解釈の裏づけをとり、「行動によって仮説を検証すること」だとデューイはいう。この仮説検証は、また新たな問いを誘発する。

教職の場合でいえば、授業の内容や教師としての行動の妥当性を再検討し、次への改善につなげていく行為を含む。たとえば、もしもB君のあくびが、「僕にもっと注目して！」というA先生へのメッセージだったなら、A先生が何も対応せずに授業を終えたことの方が問題として提起されることになる。それではA先生はどう対応すべきだったのか。机に伏せているB君を起こして授業に参加させるべきだったのか。そっとB君の肩に手をかけて「疲れているんだね」と気遣い、授業後に話をする機会をつくるべきだったのか。それとも保健室に行くよう促すべきだったのか。どうすべきだったかは、当該事例の細かな事実関係によって異なってくるだろう。

また教職の場合、最終的な解答に到達するには、視野を広げ、時間をかけて考察することが求められる場合が多い。教室のなかで生起している問題に正面から向き合おうとするなら、社会全体へと視野を広げなければならないからである。たとえば、家庭の経済的貧困が原因でB君が落ち着いて学習できない状況にあるのだとしたら、B君の学習を保障するためには、具体的にどのような対応がとられるべきかまで考察する必要に迫られる。A先生には何ができるか、何をしなければならないか。学校や教育委員会にどう働きかけるべきか。ひいては、子どもの貧困状況がOECD諸国のなかでも最悪の水準にあるという日本の状況を、教師としてどうとらえ、どのような取り組みをすべきか。以上のような問題も、B君の問題に直接かかわる問題として、視野に入ってくるだろう。

したがって省察は、授業中や授業後の討論で終わるのではなく、その後もさらに調査研究を行って、事実関係を探究していく作業を必要とする場合も多い。つまり省察は、子どもとのかかわりの最中に即興的に行われるものから、数時

間，数日，時には数年にわたって続く，長期的で探究的な営みも含んでいるのである。

3 省察はホリスティックで不確実な営み

以上の省察のプロセスについて，重要な点を二点指摘しておこう。

第一に，上の五段階は実際には明確に分けられるものではなく，五つのプロセス全体で一つをなす「ホリスティック（全体的）」なものである。省察は単なる手続きの積み重ねでもなければ，一連のテクニックでもないことを確認しておきたい。

第二に，省察には常に「正解」が用意されているわけではない。省察がその過程で確実に深まるとはいえないのである。興味深いことに，省察は科学的思考であると主張したデューイ自身が，この不確実さを指摘していた。省察的思考は「目に見える事実から目に見えないものへの移行を含んでいるため，多かれ少なかれ思いつき的」な部分を含み，「ひらめきや，思考の飛躍」を必要とし，「この段階を直接コントロールすることはできない」というのである。

省察が科学的思考であると同時に，ひらめきや思いつき，常識から逸脱した見方を必要としているという指摘は，とても重要である。省察にはあらかじめ用意された回答はないし，省察すれば確実に改善策が判明するという保証もない。したがって近年の学校現場でよく耳にするPDCA（計画・実行・評価・改善）などの合理的な管理にも馴染みにくい性質をもつ，ということだからである。あるいは，たとえば教員免許更新講習などの，たった数十分か数時間で成果をだすことを求められるような制度的環境にも，馴染みにくい性質の思考だといえるだろう。

省察とは，どの程度深まるかわからない冒険的な営みなのであり，省察はこの不確実さを受容しながら行う思考なのである。

5 省察が起きる場をつくる

　上述の定義で記したように，省察はあくまで自発的で能動的な行為であるため，省察しろと指示したり強制したりしても，省察的思考はうまれない。ではいったいどうしたら，学生や現職教師の省察的思考を促すことができるのだろうか。

　ふたたびデューイに立ち戻れば，子どもや学生や教師たちが「省察的思考の習慣を身につけること」が重要であり，そのためには省察を支える環境を作ることが肝要だという。紙幅が尽きたので詳細は別稿に譲るが，本稿では以下の二点を指摘しておこう。

1　省察はコミュニティのなかで深まる

　省察が深まるのは，省察が学びあいの「場」のなかで支えられるときである。事実に即しつつ，できるだけ複眼的に考えるために，そして多様な解釈を連想するためには，複数の人間が同じ事実に向き合い，ともに省察することが有効な方法となる。仲間の目をかりれば，自分では思いもよらなかった見方や解釈に触れられる。デューイも「肉体的にも精神的にも一人で生きている者は（略），過去の経験を省察することがほとんど出来ないか，その機会をほとんど持てない」と指摘している[5]。

　さらに初対面の人間同士の場であるよりも，日常の自分の姿をよく知っている人間同士の場のほうが，省察は深まる。別の角度から付加的な情報を提起してもらえる可能性が高いからである。教師の省察的思考を訓練したいなら，日常の仕事や学習を共有している教師や学生が集まって，相互に多様な解釈をだしあえる場をつくる必要がある。省察はコミュニティのなかで鍛えられる。

2　参加者の「構え」を共有する

　しかし，上述したように「省察 (reflection)」は子どもの姿に「反射 (reflection)」した自分の姿をみる行為を含む。そのため，コミュニティのなかで他者

とともに省察を行う場合には、大きな緊張をともなう。したがって省察の深まりは、参加者がどのような構えで省察を行うのかに、大きく左右される。デューイは、省察を行う際には、以下の三つの「態度」の「統合」が必要だと指摘する。

(1) 傾聴する態度

一つは「オープンマインド (open-mindedness)」な態度だという。これは偏見や決めつけ、党派心などから自由になり、反対意見も含めてあらゆる考えに耳を傾ける態度のことである。つまり、一つの考え方を絶対としてとらわれてしまうのでなく、いつでも別の考えに耳を貸し、虚心坦懐に検討しうる態度のことである。

(2) 都合の悪い事実も含めて、真実を見つめようとする態度

二つめは、「責任をもつ」態度だという。知的に責任をもつ態度とは、自分にとって都合の悪い考えであっても、事実をきちんと受け止め、思考の一貫性を保とうとする態度のことだとデューイはいう。自分が行った授業を省察するときには、自分自身の欠点や弱点をみつめなければならないことも多いが、事実を事実としてきちんと見つめようとする態度が欠かせない。

自分の弱点や反省点を見つめることは非常に厳しい作業だが、専門家として責任をもつための厳しさには直面しなければならない。和気あいあいとした雰囲気は省察の深まりに重要だが、自分や相手を傷つけるからと一部の事実に触れないようにしては省察は深まらないし、専門性は高まらない。失敗や弱さをさらけ出しあい、厳しく検討することをとおしてこそ省察が深まり、専門性が高まるのである。

(3) 誠意を尽くして考えようとする態度

三つめは「心のすべてで考える (whole-heartedness)」態度である。省察の最大の「敵」は「部分的な興味」だとデューイはいう。誠心誠意を尽くして事実や他者の意見と向き合い、根本的に考えようとする態度が、省察を可能にするとデューイはいう。自分の授業を省察するときも、他の教師の授業をみて省察するときも、適当に何か言っておけばよいとか、一方的に勝手な批判をぶつけ

て後は知りませんという態度では，決して省察的思考は成立しない。

　したがって，ファシリテーター（議論の促進役をつとめるリーダー）に求められるのは，参加者一人ひとりが上記の態度を共有できるように支援することである。教師の省察においてはとくに，ベテランが若手を指導する構えになりがちだが，人を指導しようとする構えは省察の三つの構えからはほど遠い。ファシリテーターの経験や思考は，参加者の思考のなかの一つにすぎない。ファシリテーターの役割は，自分の考えに基づいて指導することではなく，自らが省察的思考を行う姿を見せるとともに，参加者がきちんと事実に向き合えるよう支援することなのである。教師としての経験の有無や，教職歴・研究歴の長さなどは，付加的な要素にすぎない。

　教員養成や教員研修の現場で，教職の専門性を高めるために省察を行おうとするなら，ファシリテーターを含めたすべての参加者が，以上のような構えを共有する必要がある。

6　おわりに－省察でない思考とは

　省察を以上のように定義しその内容を確認すれば，逆に何が省察でないかもはっきりとするだろう。本文中に具体的に示した例のほか，ザイクナー＆リストン（Zeichner, K.M. & Liston, D.P.）は，省察でないものとして以下の四種類を挙げている。①特定の研究成果を教室で再現させるための思考，②価値や目的を問うことなく，特定の教育内容や教育技術を改善させるための思考，③教室内の事象しか視野にいれず，その背景にある社会状況を考慮しない思考，④教師集団を無視したり教師を孤立化させたりする思考，の四つである[6]。読者諸氏はどのように判断するだろうか。

　どのような思考が省察でどのような思考が省察でないかを，学生や教師たちとともに考えること，つまり「省察の仕方を省察すること」こそが，いま日本の教師教育の現場で最も求められている省察であり，教職の専門性を形成する方法といえるだろう。

【佐久間　亜紀】

注

(1) Rodgers, Carol, "Defining Reflection: Another look at John Dewey and Reflective Thinking", *Teachers College Record*, vol. 104, no. 4, June, 2002, pp. 842-866.
(2) Darling-Hammond, Linda et al., *A License to Teach: Raising Standards for Teaching*. San Francisco: Jossey-Bass, 1999, p. 101.
(3) Dewey, John, *How we think*. Boston: D. C. Heath, 1910, pp. 1-9.
(4) Dewey, John, *How we think: a restatement of the relation of reflective thinking to the educative process*. Boston: D. C. Heath, 1933, p. 78.
(5) Dewey, John, *Democracy and Education*. New York: Free Press, 1916, rep. 1944, p. 6.
(6) Zeichner, K. M. & Liston, D. P., *Reflective Teaching: An Introduction*. Lawrence Erlbaum Associates Publishers, 1996.

考えてみよう

1．実際に子どもとかかわる機会をつくり，そこでの自分の行為について省察してみよう。さらに，その省察の視点や解釈の妥当性について検討してみよう。
2．省察が深まる場をつくるにはどうしたらよいだろうか。議論のしかたについて議論してみよう。

参考文献

ショーン，D.（佐藤学・秋田喜代美訳）『専門家の知恵』ゆみる出版，2001年
デューイ，J.（松野安男訳）『民主主義と教育（上・下）』岩波文庫，1975年
日本教師教育学会編『教師として生きる』学文社，2002年

第8章　教育方法をとらえ直す
——学校教授法の歴史性と政治性から

1　教育方法の善し悪しの基準

　「去年担任してくれた先生の教え方は上手だった。」「あの先生の教え方では○○は身につかない。」「教え方ひとつで苦もなく○○ができるようになる。」

　職員室で，保護者のあいだで，日常的に発せられるこうしたことばは何をあらわしているのだろうか。それは，教育の善し悪しがたえず結果ないし成果の事実を起点に，それをもたらした「教え方」＝教育方法に焦点化されて判断されるということである。人びとがある学校や教師を良い・悪いと評価するさい，学校の教育理念や教師の人柄もさることながら，それ以上にその視線は，望まれる一定の成果を確実にもたらしうる手立てのあるなしにむけられる。極端な場合，ある教師に対し，その人格に多少の問題を感じたにしても，確実に結果を残せた場合には多くの保護者たちは良い評価を与えることが多い。逆に，やさしさや暖かさを全身からにじませ，懸命に子どもたちに寄り添おうとする姿勢を強く示す教師であっても，子どもたちにある能力を確実に身につけさせる手立てをもてているのかどうかが危惧される場合，その教師には，同僚からも保護者からもけっして高い評価があたえられないことは多いだろう。

　ここでいう教育方法には，授業に先立って準備する教材の工夫から，発問や時間配分といった授業の展開のし方，また授業の場の空気のつくり方や子どもたちに対するほめ方や叱り方といった教師の細かなしぐさまでが含まれている。現在，教師になろうとする学生たちの多くは，大学での教職課程の講義の大半でこうしたことがらを学ばされ，また教育実習に出れば授業を詳密にシミュレートした指導案の作成や，子どもたちへの日常的なふれ方（声のかけ方や何気な

い態度・仕草にいたる）までの「方法」をきっちりと指導される。教師になってもまた，校内・校外での「教材研究」「授業研究」というかたちで，やはり「方法」に関することがらを細部にわたって学び続けていくことになる。

　たしかに，何かを「身につけさせた」「できるようにさせた」という結果は重要である。それに鑑みて，そこにいたる過程に目をむけ，そこで教える側がどのようにして学ぶ側の学びをうながしていた（いなかった）のかを点検し，そのうながし方＝「方法」の善し悪しを問うことは，教師にとっても保護者にとっても，当の子どもたちにあってさえも当然に重要なことだろう。教える者は誰しも，与えられた時間のなかで教えようとした目標にむけて子どもたちが確実に学べるように努めてきているわけだし，教えられる側にしても，限られた時間のなかで要領のいい教えられ方をされることによって得られる満足感や達成感というものは決定的だからである。

　ところで，こうした教育方法への関心，その善し悪しを判断する基準はいったいどこにおかれているのだろうか。おそらく，無理のない理にかなった計画と実行のされ方がなされているかどうか，そして，その結果あるものごとをきっちり教ええたのかどうかという点に集約されると思う。つまりは合理性と確実性である。また，そこに，それを実行するのに要した時間という点からみた要領の良さ，つまり効率性という点も加味されるにちがいない。「すぐれた教育方法」というものは，この合理性と確実性と効率性の観点に照らし，子どもたちや保護者といった受益者の納得と支持がえられるものであるとするのが，おそらく世間一般の見方だろうと思われる。そして，学校・教師の現場における教育方法の改善にむけた努力も，おおむねこの合理性と確実性と効率性という観点を暗黙裡にとりこみながら進められてきているといっていいだろう。

２　近代学校の教授法の発生および発展

　ここで，このように一見して自明にもみえる教育現場における教育方法の善し悪しの判断基準の起源にさかのぼってみよう。そもそもそれは何を根拠に，どのようなかたちで発生し，どのようにして発展させられ，一般常識に近いも

のにまでなっていったのか，である。その歴史性を知っておくと，案外このまま自明のものにはしておけないことがらもいくつか浮び上ってくるのかもしれないと思えるからである。以下の章では，それを意識しながら合理性・確実性・効率性を備えた「すぐれた教育方法」の歴史性と，そこに隠されてきているいくつかの問題点について考えてみることにしたい。

こんにち学校で行われている「授業」というかたちをとった教師と子どもたちの「教え－学び」の形式，もう少しつっこんでいえば，教室という場所に据えられた机と椅子に着座し，教師と対面的に向きあいながら，教科書をはじめとする共通の教材を媒介に，同一時間に一斉に展開される授業というものは，いったい何を根拠に始められ，どのようにして世界中に普及し，その過程で何がどのように深められていったのだろうか。その歴史性に目をむけると，おそらくコメニウス（Comenius, J. A.）とヘルバルト（Herbart, J. F.）という二人の人物による「教授法」の提起と発展のことにふれないわけにはいかなくなる。

コメニウスは17世紀のボヘミアで近代的な世界観・人間観に立脚した大著『大教授学』を著わしているが，この書は決して大げさな表現でなく，西欧近代の幕開けを教育の面で象徴するかのような革命的なことがらを提起していた。彼は，中世までの宗教的信仰に代わる宗教革命以後の世俗的な精神に立ち，それまで限られた（ないし選ばれた）人びとの特権であった世界の諸事をくまなく学ぶという行為を，万人に開かれたものへと変えようとした。その根拠は，帰納法的な認識論に基礎づけられた科学と実証の精神によって世界を認識させるという近代的な認識論と学習観にあった。『大教授学』とともに著された『世界図絵』は，それを実行するために作成された教材（教科書）であり，そこには理にかなった教えられ方をされるならば誰もが確実に習得可能な知識である「汎知」（百科全書的な知）が体系化されたかたちでならべられていた。それは，宗教的世界を中心にみられた秘事の伝授のような色彩を帯びた「教え－学び」とは根本的に異なる，万人に開かれたリテラシー習得のための新たな「教え－学び」の提起であった。

このコメニウスにかかわって注目しておきたいのは，「教える」という行為は，

理にかなった教授法を打ち立てることによって時と場所を選ばずに一斉に行うことが可能であると考えた点である。彼は，当時の先端的文化テクノロジーであった活版印刷術（typographia）—瞬時に同じものが大量に印刷されていく—に自身が構想する教授法（didactika）を重ねあわせ，それを「教刷術（didacographia）」と呼ぼうとしていた。ここには，教えることをめぐる合理性・確実性・効率性の視点が鮮明に打ち出されている。その初発の動機は，のちの基本的人権としての学習権に通じていくような万人に開かれた知識習得の機会提供の可能性の探求ではあったが，もう一面では，後の時代に批判されることになる形式化した「一斉画一」の授業の原像がうかがえることも，ここでは明記しておこう。

　このような近代の教えることをめぐる合理性・確実性・効率性の探求は，19世紀以降の西欧各国に義務制の国民教育制度が発足し，子どもたちすべてが通うことになる「学校」という施設が整えられていく時代になると，プロイセン・ドイツのヘルバルトによって「学校」という場にふさわしい教え方の体系化へと歩を進めることになる。ヘルバルトが著した『一般教育学』は，人間が事物を認識するにはそれなりの段階と形式があるという法則性をふまえた教授法を提起し，さらにそれを発展させたヘルバルト主義者たちは，「予備・提示・比較・総括・応用」の五段階に定式化された授業方法の原理を提案した。そして，これは時代や国ごとによって若干の改変が加えられながら，学校における授業の形式のスタンダードとして世界中に広範な普及と定着をみて今日に至っている。

　ところで，「教え方」についてのこうしたかたちでの合理性・確実性・効率性の探求はまた，ヘルバルト以後，主要には心理学によって根拠づけられていくようになった点には注意しておこう。ヘルバルトは，教育というものの目的は倫理学によって基礎づけられるが，その方法は心理学によって基礎づけられるとした。今日，教師になろうとして教職課程を履修すると「教育学概論」などで教育の理念や目的について学ぶ一方，具体的な教育方法を学ぶ前提として「教育心理学」や「学習心理学」を履修しなければならないのは，ここを起源にしているといっていいのである。

しかし，その心理学は，ややもすると「生きた子ども」「現実の子ども」「具体的な子ども」から離れた実験やテストなどから得た量的データによってつかまれていく「抽象的で一般的な子ども」となっていく。そして，こうした心理学によって基礎づけられていく教育方法も，子どもたちの生きた暮らしの現実からかけ離れたものになっていく危険性を抱え込まされていくことになるのであった。

3 国民教育の現実と教育方法の画一化

19世紀から20世紀にかけての教育は「学校」の時代である。日本もまた，国家の一大事業として全国津々浦々にまで小学校を建て，「国民皆学」のスローガンを実現すべく国民のすべてに子女を就学させるよう督促し，やがて20世紀に入る頃にはその目標を達成する。こうして，国内のほぼすべての子どもたちが一定期間，生活時間の大半を同年齢の級友たちと学校の教室で過ごし，大人になるために必要とされた膨大な知識を，学年・学期ごとの段階を踏んで，45分を一単位とする「授業」において伝達され習得していくというかたちが定着していくことになった。この授業を可能にしているのがヘルバルト以降体系化と精緻化が進んだ「学校教授法」なのであるが，それが定着していくことは学校の制度化のなかで「教え－学び」の形式もまた制度化されていくことを意味した。

ところで，学校で習得される膨大な知識群をとりあえず「大人になるために必要とされた」と書いてみたが，それはほんとうにそうなのだろうか。たしかに，私たちは日常そうしたことを素朴に考えてきている。勉強嫌いの子を説得するさいにも「これを学んでおかないときちんとした大人になれないから」といったことを口にする。

しかし，現実にはそれはあとづけに近いロジックであって，ほんとうの必要性はもっとちがうところにあることを，多くの教育史家は明らかにしてきている。それは，義務教育制度が，近代国民国家が国家の形成と維持にかかわって実施され，その発展に寄与する人材の確保を目指して拡張されてきているとい

う事実である。コメニウスにおいてはその主張の普遍性の陰に隠れて見えにくかったものの，ヘルバルトにおいてはすでに明らかなすがたを現わしている一つの事実を無視してはいけない。それは，国境線によって区切られた領土をもつ国家が，そのもとで暮らす「国民」を形成することを第一の目的として展開された営み＝「国民教育」であったということである。

近・現代の国家は，歴史学においては「国民国家」とよばれるように，同じ言語や歴史観や道徳をはじめとする共通の文化を身につけた「国民」によってかたちづくられる国家である。しかし，同一の言語と文化を共有する「国民」なるものは当初は不在で，存在したのは地域ごとの大きな差異を示す言語と文化によって邪魔され容易には一つに束ねることの困難な人びとの群れなのであった。国家事業としての義務教育制度の使命は，じつは「啓蒙」という形式で，前近代的な生活慣行のもとで地域や階層ごとに分散していた人びとの意識を，近代国民国家が求める言語や文化の線に同一化していくことにあった。それなくして国内の統一や近代化，そしてやがて必要とされていく対外拡張などは望めるべくもなく，したがってそれを実現していく推進力として期待された義務教育制度は，その本質において個々の子どものかけがえのない人生の充実に資するよう整備されたというよりも，国民国家の形成と維持という統治上の観点から実施されたものにほかならなかった。もし現在，限りなく同一に近い言語・文化状況が国内の現実として存在する国があるとするならば，それはおよそ150～200年前にまでさかのぼったところから開始された国家による統治上の一大事業としての「国民教育」の成果にほかならない。そのことによって人びとが「国民」という強い紐帯をもたされたことの是非は，いまその間になされた同一性にそぐわないマイナーな言語や文化や抑圧し排除してきたことの是非とともに議論されつつあるが，ここでは（歴史学の専門書ではないので）そのことをこれ以上問うことは措いておくことにする。ただ，国民教育制度の整備と教育方法という点で，次の二点は知っておいてほしい。

一つは，ヘルバルト以降定式化された学校の教授法が，子どもたちの知りたいこと，興味関心をもつことよりも，学校と教師が教えたいことをやや押し付

けがましく優先させるものとなり，その内容も著しく画一化されたものとなっていく傾向を示していくのは，「国民教育」の本質からみてある必然性があるという点である。民衆が「国民」になるということは，なにも民衆みずからが望んでのことではない。それは国民国家の統治権力の要望にほかならない。同様に，町や村で遊び暮らす子どもたちが，一人前の仕事人ならともかく，「国民」（＝公民であるとともに一定のシステムに組み込まれた産業人）に，成長とともにごく自然になろうとするのかといえば，そうではあるまい。少なくとも「国民教育」制度の発足期においてはそうではなかった。そこで，「国民教育」は自然さに逆行するかのようなある程度の強制性を帯びた不自然な働きかけを不可欠とした。その不自然な働きかけとして，試験制度などを活用して競争を煽りながら画一的な内容を習得させていく教授システムの効用が，最も実効性の高いものとして認識され採用されていくのであった。この現象は，いかに何度も部分修正が施されようと，センター試験等に集約されていく画一的な内容の学習と，それをうながす確実性の高い「すぐれた教育方法」がもてはやされることに象徴されるように，その根本は現代でも揺らいではいない。

　もう一つは，身も蓋もない至極単純なことなのであるが，昔も今も教育方法のありようを規定するものは「財政」であるという点である。限られた財源のなかで発足し，できる限り低コストで実施されるのを理想とするのが公教育の実施主体である統治権力の基本的な発想である。開放的でない校舎に子どもたちを押し込め，一人の教師がなるべく多くの子どもを教えるにはどうしたらよいか，そうしたコスト・パフォーマンスの点からも，ヘルバルト以降の一斉授業を基調とする学校教授法は，まことに適合性が高かったのだといっておこう。「すぐれた教育方法」には，できる限りの低コストで可能な限りの成果をあげるという使命が課されてきているということである。

4　産業主義と教育方法の精緻化

　次に問題にしておきたいことは，今日まで発展してきている合理的で確実性が高く効率のいい「すぐれた教育方法」が，この「国民教育」の普及と展開の

歴史のなかで，さらに新たな装いを得て飛躍的に精緻化がはかられていったという事実である。

　国民国家の発展は，一面ではその維持と拡張を可能にしていくための軍事力の充実を必要とするがゆえ，そのための「訓練」や「養護」を含む広範な領域での徹底した子どもたちの発育状況のチェックや働きかけを周到に組まなければいけなかった。学校で行われる身体検査，あるいは行事や部活動をつうじた集団行動訓練などは，「富国強兵」のための「健民健兵」の方策に基づいて開始されていっている。しかし，それとともに力が割かれたもうひとつのものは「殖産興業」のための国民全体の知的能力の向上，こんにちでいえば「学力向上」のための取り組みであった。

　国民国家を単位とする国民経済の発展は，産業のあらゆるセクションでの生産性向上を目指しての技術革新とその担い手の確保を必要とした。読み書きを基礎にしたいわゆる機能的リテラシーのボトムアップと，その上に立つテクノ・エリートを中心とするハイタレントの抽出と育成は，国民国家の産業政策に直結する教育に課された最重要課題となり，その線で教育方法の合理性・確実性・効率性はそれまで以上に強く学校と教師に要請されていくことになった。とりわけ確実性と効率性は，生産性の向上と品質管理を徹底させるための工場などにおける経営システムを模したかのようなスタイルでその向上がはかられていくことになった。教えるプロセスを細かに分節し，分節化されたプロセスごとに問題点を指摘し改善をはかっていくといった，限りなく精緻化された点検にも似た授業研究のスタイルが芽生え，その発展がはかられていくことになったのである。一方で，子どもたちの学習の成果を測定するためのテストの手法も，心理学の知見を総動員するかたちで整えられていった。教師が自身の研鑽のために読む教育雑誌の記事も，教育者としての精神のありようを論じるものだけでなく，教材や授業のノウハウについてのテクニカルなことがらを扱うものがふえていった。これらは，日本についていえば昭和初期にその兆しを見せはじめ，戦後の高度経済成長期に一気に加速し，教育工学などの新しい研究分野を生み出しながら今日に至っている現象である。これらは，戦前・戦後をつらぬ

く「国益」の確保という国家の統治上の観点に枠づけられた教育方法の発展であったということを銘記しておかなくてはならない。私たちは，そのような脈絡のなかにある「すぐれた教育方法」のおかげで学力の形成を保証され，個人としての幸福追求が励まされたかのように錯覚することはある。しかし，その本質は「国益」を増進させるための「人材」として，国家の産業施策の枠内への順応をうながされる線での幸福追求の奨励であるということは看破されてよい。

5 教育方法の政治性についての批判的認識

　国益を増進させることを主目的としつつ，その担い手となる人材確保のために学校教育を振興していこうとする統治権力がある。教育界に強大な影響力をもつ経済界の人びとの学校への関心は，ある意味で統治権力以上にそうした人材確保の要求を露骨に現わしている。これが昔も今も変わらぬ現実である。

　たとえば，いわゆる「ゆとり教育」批判を思い出してみよう。そこには最もそれがよく現れている。「ゆとり教育」はある時代に子どもたちの現状に照らして採用されたひとつの教育方法にほかならなかったのだが，その善し悪しは，経済のグローバリゼーションをサバイバルするための有為な人材確保という点からみて「悪し」と断じられた。そして，それをやめさせる政策転換の支持を人びとから調達せんがため，基礎学力の形成の習得の確実性という観点を前面に出し，危機感をあおりながらついにはそれを葬り去ることに成功している。基本的な観点はあくまでも経済・産業の面での「人材」の質の確保である。

　では，「ゆとり教育」の一環でもあった「総合的学習の時間」の導入の方はどうだったろうか。ここには，すでにふれてきた一斉画一の学校教授法の改革を試みてきた先人たちの英知が流れ込んでいた。子どもたちの主体的な探究心や表現意欲を抑えることなく発揮させようという，いわゆる子ども中心の「新教育」の発想の継承がうかがえた。しかし，それが実施されるや否や，手放しでは見ていられない事態が多くの教育現場でみられてきた。本来，正当な意味で 21 世紀を生きる子どもたちにとって大事な追求トピックであるはずの国際化問題や健康・福祉の問題も，みるみるうちに本質的な問いかけや問い直しを

欠落させた，国家統治上の観点からみて適合的で都合のよいものに変質させられていったすがたである。意味希薄な民族衣装の展示会やエスニック料理の試食が行われ，グローバリゼーションの世界システムに順応するかのような英語の遊びが奨励され，財政的理由から縮小されていく公的セクションのサービスを補完するボランティア活動（実態は奉仕活動）が社会貢献として奨励されていた。そのような事態からいったい何がみてとれるだろう。

子どもたちの楽しさや学びがい，教師の教えがいが統治権力に見事に活用されていったさまである。そのことを知ろうとせず，ただ子どもたちが生き生きと活動するすがたをつくりだすことに懸命なだけの学校と教師たちの風景には，教育方法というものの最も惨めな様態が現わされているといったら言い過ぎであろうか。教育方法は，支配的な統治権力の利益の確保のために枠づけられ，方向づけられた場で，それに従属しそれに奉仕するための具体的な手立てとしてのみ機能させられている。教師たちは，さまざまに工夫を凝らしたあの手この手の教育方法の開発にいそしみながら，「統治としての教育」の方に動員されてしまっているのである。

世間には，教育方法についての大いなる誤解が存在する。どのような目的にも使いうる価値中立的で便利な道具のようなものでなくてはならないという誤解である。すでにふれてきたように，合理性と確実性と効率性を備えた学校教授法も，ある時代のなかで国民国家の統治行為としての国民形成への適合性からその「良さ」を認められてきたのだし，産業主義のイデオロギーの枠内でその「良さ」を認められ発展してきているのである。

そのようなことを知りながら，こんにち推奨されたり，葬り去られたり，あるいは新たに開発されたりしつつあるさまざまな教育方法を見つめ直さなくてはいけないのではないだろうか。ある教育方法がなぜ良いとされ採用されたり，批判され退かされたりしていくのかという現象の背後には，ある方向に子どもたちを育て上げていこうとする者たちとそれに抗いながらオルタナティブ（代替案）を練りあげていこうとする者たちとの，教育目的や教育内容をめぐるヘゲモニーの争奪戦というポリティカルなせめぎあいが存在するのである。ある

教育方法が，どのような政治性をおびた目的や内容に適合性をもつのか，その目的や内容は子どもたちをどこに連れ出そうとしているのかをみきわめる知性を働かせながら，教育方法の善し悪しが論じられるようになるべきではないだろうか。

　子どもや保護者たちの多くは，それらのことを明確に意識することはなく，ただ個人としてよい暮らしを保証されたい一心で学校教育を受け，さまざまな知識や技能を習得しようとつとめる。そうした事態のなかで，ただ子どもが生き生きと活動するからとか，既存社会に順応するための学力が保証できるからというだけの理由で，教育方法の開発にいそしむのは問題である。それは統治権力の末端に位置する代理執行者の所作であって，みずからの批判的知性でもって，責任をもって公共社会の発展に貢献する専門職者の所作ではないというべきだろう。

【船橋　一男】

考えてみよう

1. コメニウスがみた夢と国民教育の現実のあいだには，どのようなちがいがあるのかをもういちど考えてみよう。
2. 教育方法が価値中立な便利な道具であるととらえるのはどういう点であやまっているのだろうか，考えてみよう
3. 教育方法の善し悪しの基準として，ここにあげた合理性・確実性・効率性にかわるものとして何をたてうるのかを本書の他の章を熟読しながら考えてみよう。

参考文献

木村元・小玉重夫・船橋一男『教育学をつかむ』有斐閣，2009 年
稲垣忠彦『明治教授理論史研究（増補版）』評論社，1995 年
佐藤学『米国カリキュラム改造史研究』東京大学出版会，1990 年
里見実『パウロ・フレイレ「被抑圧者の教育学」を読む』太郎次郎社エディタス，2010 年

索引

あ

IEA-TIMSS　127
ICT　78
IT　78
assessment　114
厚い記述　41
編み直し　33,41
アリストテレス　27
意識化　61,73,91
一回性の出来事　68
一貫性の原理　84
『一般教育学』　19,153
一般的技術　20
一般的なプログラム　25
いままさに生まれ出てくることば　48
居間　36
意味＝方向　30,31,33
意味連関　27,31-34,39-41
『隠者の夕暮れ』　36
牛山榮世　60
evaluation　114
エスノグラフィック　102
SBCD　65
『エミール』　36,105
エンパワー　37
応答関係　54
応答的な場　25
「教え－学び」の形式　152,154
オデュッセイヤ　37
オープン・マインド　147
オルタナティヴ（教育）　28,159

か

開化史段階説　67
確実性　151
学習権　153
学習指導要領　65,79,100,101
学制　63
学力　31
学力調査　124
学力低下論　69
かくれたカリキュラム　71-73,75,76,101,102,106,110
Casa dei Bambini　107
学校文化　101
活動にかんする反省　57
活動のなかでの反省　57
過程説　68,73,75
可能態　73
からだとことばの表層，中層，下層　54
からだの志向性　46
カリキュラム　63-66
　――の排列・順次性　66
　――の範囲　66
　――の編成原理　65-68
　――の編成主体　65
カリキュラム観　68
カルチャーとしての教育方法　39-41
関係の生成　25
慣習化　28,31
関心　106
間身体性　46
観点別評価　118
記号化されたコトバ　48,53
技術的合理性　57
技術的熟達性　57,58
基礎学力低下　67
機能的リテラシー　157
教育観　61
教育基本法　20,66
教育評価　68,112,113
教育方法観　21,34
共感　37,53
共感的理解　38,47
教刷術（didacographia）　153
教師観　69
教師教育　130,133
教室づくり　23
教師のからだ　22,26,61
教師の自律性　29
教師の思考様式　130,133
教師の力量形成　130,131,139
教師文化　102
教授法（didactika）　153
教職の専門性　29,61,130,131,133

162　索　引

競争・序列化　72
共同探求　26
　　──の倫理　19
規律訓練　31
キルパトリック，W.H.　38
近代学校教育　31
近代教育学　19,20
空間的・時間的接近の原理　84
空間的な構成　24
グループワーク　33
グロース，N.E.　109
訓練　37
ケアしケアされる関係　30,59
ケアの倫理　106
ケアリング　33,59,106,110
経験の再構成　47,386
形成的評価　123
軽度発達障害　45
欠如態　73
検査（test）　113
言説の技術　19
権力的な関係　25
行為主体性　52
攻撃性　50,51
構成主義　89,90
行動主義心理学　87
校内授業研究　69
合理性　151
効率性　151
声　25
呼応関係　55
国民教育　155
個人差の原理　84
個人的失敗感覚　52
個人内評価　117
個人の能力　24
コスト・パフォーマンス　156
子ども観　60,69,74
子ども中心主義　67
子どものからだ　22,26,43
子どもの権利　73
子ども理解　22
コミュニケーション行為　49
コミュニケーション能力　49,52,53
コミュニケーションの重層性　48,53
コメニウス，J.A.　82,83,152,155
ゴール・フリー評価　122

さ

ザイクナー，K.M.　148
再生産過程　105
再生産労働　94
サブカルチャー　94
CAI　87-89
CSCL　90,91
ジェンダー　94,95
ジェンダー規範　94,95,99,101
ジェンダー・センシティヴ　104-106
ジェンダー・バイアス　102-104,105
ジェンダー平等　94,95,104,105
ジェンダー平等教育　100
ジェンダー・フリー　103
自己形成　20,24,40
自主規制　29
市場主義　29
視聴覚メディア　80,82
実践研究　40
実践知　134
実践的思考　24,58
　　──様式　24
実践的探求　17,21,30,32,33
実践的探求者　17,41
実践的知性　31
実践哲学　19,20
指導と評価の一体化　121,122
指導要録　119
支配的　33,41
　　──概念　66
師範学校　21
社会構成主義　90
自由作文　64
集団準拠評価　116,117
授業観　69
熟考　31,58,60
主体形成　20
主体としてのからだ　43,47,54,56
『シュタンツ便り』　36
主導権　23
冗長性の原理　84
消費文化　94
商品化　18
情報化　18
情報伝達のためのことば　48,49,52,53
ショーン，D.　57,133
女性差別撤廃条約　101

人格形成　19,20,31,37,38
人格的卓越性　18,19
新規性効果　80
新教育　158
新自由主義　103
心身二元論　43,44
身体的間主観性　46
身体の両義性　43
診断的評価　123
新保守主義　103
心理テスト　113
スカーダマリア, M.　91
スキル　35,53
スクールホーム　107,108,110
スクール・ボランティア(SV)　70
すぐれた教育方法　151,152,156,158
スタイル　34
　──としての教育方法　39,40
ステレオタイプ　99,101
3R's　107
3C's　106,108
生活指導　22
制作説　68,69,73
省察　25,130,131,135,146
省察的思考　130,135
省察的実践家　133
性差別　95,99,101
性別役割分業　94,101
性役割　101
『世界図絵』　82,152
セクシズム　95,101
セクシュアリティ　103
セクシュアルマイノリティ　103
絶対評価　115
専心とその連続　54,55
専心没頭　59
総括的評価　123
相互性　23
相対評価　115
測定(measurement)　113
測定可能な学力　72
ソクラテス　18
ソフィスト　18
それ以外の仕方でありうること　27
それ以外の仕方でありえないこと　27,28
存在の仕方　22,44,47,55,56

た

『大教授学』　152
第二の自然　28
竹内敏晴　44
他者知覚　46
他者への呼びかけとしてのことば　48
多層的な受け止め方　52
単元の本質　25
男女平等　94,95,100
知能テスト　113
知の様式　110
中心統合法　67
直接的感受性　58
ティーム・ティーチング　70
デカルト　43
出来事　24,26,35,40,41,59
出来事間の連関　24
テクノ・エリート　157
デジタル教科書　91
デューイ, J.　36,38,47,67,130,134,135,139,141
電子黒板　91
動機の転移　59
統治としての教育　159
徳(アレテー)　18
徒弟制　35

な

ナショナル・カリキュラム　109
ナラティヴ・セラピー　52
二重傾聴　51-53
人間形成　20
人間の本質　20
認知心理学　83,88
ノウハウ　22,34,35,38,157
　──としての教育方法　39,40
ノディングス, N.　59,110
Knowledge Forum　91

は

ハイ・カルチャー　108
ハイパーテクスト　85,86,92
はいまわる経験主義　67
ハウ・ツー　139
パーカー, F.　67
発達現実態　74
発問　30
パートナーシップ　25

場の生成　26,32
反省　25
反省的思考　58-60,135
反省的実践家　57,58,61,133
判断　31
反復説　66
PISA　115
PISA 型学力　92
PDS サイクル　69
ヒドゥン・カリキュラム→かくれたカリキュラム
ヒューストン，B.　104,105
表現　51
表出　51,56
標準　68
標準化　18
表層の言語　49
ビンスワンガー，L.　44
ファシリテーター　147
フェチシズム　35
フェミニズム　104
複眼的な思考　136
物象化　35
物心崇拝　35
普遍的原理　20
普遍的根拠　20,21
プラトン　18,105
フレネ，E.　64
プロジェクト・メソッド　38
文化的・社会的　38
　　　──な再構成　21
文化的な意味や価値　24,25
文化の再形成　41
分離教育　95,100
ヘゲモニー　159
ペスタロッチ，J.H.　19,36,38
ベライター，C.　91
ヘルバルト，J.F.　19,36-38,152,153,155
偏差値　114
ポートフォリオ評価（法）　69,120
ホメロス　37
ホリスティック　145
ホワイト，M.　52
翻訳する関係　51

ま

マイノリティ　109
マーティン，J.R.　105,110

学び合う共同体　67
マルチメディア　82,83,92
マルチメディア原理　84
マルチメディア学習　83
見取る　47,52,56,69
身になる　46,54
未分化なことば　52
民主主義　29
民族学　21
無反省な態度　29
無批判な態度　29
明示的なカリキュラム　100
メイヤー，R.E.　83
明瞭・連合・系統・方法（四段階）　37
メソッド　22,34,36-38
　　　──としての教育方法　39
メディア　78
『メノン』　18
メルロ＝ポンティ，M.　43,44,46
目的・計画・遂行・評価（四段階）　38
目的－手段連関　31
目標準拠評価　116,117
モダリティの原理　84
問題解決学習　38
問題解決力　32
モンテッソーリ，M.　107

や

「ゆとり教育」批判　158
揺れ続ける思考　138
予備・提示・比較・総括・応用（五段階）　38,153
四段階教授　37

ら

ライフヒストリー　40
ライン，W.　38
LAN　79
リストン，D.P.　148
リテラシー　152
リニアテクスト　85,86
リフレクション→省察
リベラル・エデュケーション　108
領域化　65
良妻賢母主義　100
ルソー，J.-J.　19,36,38,105
ルーブリック　120
歴史学　21

シリーズ編集代表

三輪　定宣（みわ　さだのぶ）

第10巻編者

岩川　直樹（いわかわ　なおき）

　　1960年　静岡県清水市生まれ
　　埼玉大学教育学部教授
　　著書　『総合学習を学びの広場に』大月書店
　　　　　『感情のABC』草土文化
　　　　　『〈私〉の思想家・宮沢賢治』花伝社
　　編著　『心のノートの方へは行かない』（船橋一男と共編）子どもの未来社
　　　　　『学力を問う』（汐見稔幸と共編）草土文化
　　　　　『貧困と学力』（伊田広行と共編）明石書店
　　　　　『子どもの貧困白書』（湯澤直美らと共編）明石書店

［教師教育テキストシリーズ10］
教育の方法・技術

2014年 4 月10日　第 1 版第 1 刷発行
2015年10月10日　第 1 版第 2 刷発行

編　者　岩川　直樹

| 発行者　田中　千津子 | 〒153-0064　東京都目黒区下目黒3-6-1 |
| 発行所　株式会社　学文社 | 電話　03（3715）1501（代）
FAX　03（3715）2012
http://www.gakubunsha.com |

©Naoki IWAKAWA 2014　　　　　　　　　　　印刷　新灯印刷
乱丁・落丁の場合は本社でお取替えします。
定価は売上カード，カバーに表示。

ISBN 978-4-7620-1660-8

教師教育テキストシリーズ
〔全15巻〕

編集代表　三輪　定宣

第1巻	教育学概論	三輪　定宣 著
第2巻	教職論	岩田　康之・高野　和子 共編
第3巻	教育史	古沢　常雄・米田　俊彦 共編
第4巻	教育心理学	杉江　修治 編
第5巻	教育社会学	久冨　善之・長谷川　裕 共編
第6巻	社会教育	長澤　成次 編
第7巻	教育の法と制度	浪本　勝年 編
第8巻	学校経営	小島　弘道 編
第9巻	教育課程	山﨑　準二 編
第10巻	教育の方法・技術	岩川　直樹 編
第11巻	道徳教育	井ノ口淳三 編
第12巻	特別活動	折出　健二 編
第13巻	生活指導 改訂版	折出　健二 編
第14巻	教育相談	広木　克行 編
第15巻	教育実習	高野　和子・岩田　康之 共編

各巻：A5判並製カバー／150〜200頁

編集方針
　①教科書としての標準性・体系性・平易性・発展性などを考慮する。
　②教職における教育学の魅力と重要性が理解できるようにする。
　③教職の責任・複雑・困難に応え，その専門職性の確立に寄与する。
　④教師教育研究，教育諸科学，教育実践の蓄積・成果を踏まえる。
　⑤教職にとっての必要性・有用性・実用性などを説明・具体化し，現場に生かされ，役立つものをめざす。
　⑥子どもの理解・権利保障，子どもとの関係づくりなどが深められるようにする。
　⑦教育実践・研究・改革への意欲，能力が高まるよう工夫する。
　⑧事例，トピック，問題などを随所に取り入れ，実践や事実への関心が高まるようにする。